# 给你一个团队
# 你会怎么带？

朱衍强 著

中国商业出版社

**图书在版编目(ＣＩＰ)数据**

给你一个团队,你会怎么带 / 朱衍强著. —北京:中国商业出版社,2015.6

ISBN 978-7-5044-9014-8

Ⅰ.①给… Ⅱ.①朱… Ⅲ.①企业管理-组织管理学 Ⅳ.①F272.9

中国版本图书馆 CIP 数据核字(2015)第 135108 号

责任编辑:龚凯进

中国商业出版社出版发行
010-63180647 www.c-cbook.com
(100053 北京广安门内报国寺 1 号)
新华书店总店北京发行所经销
北京建泰印刷有限公司印制

★

787×1092 毫米 16 开 17 印张 250 千字
2015 年 8 月第 1 版 2015 年 8 月第 1 次印刷
定价:32.00 元

★ ★ ★ ★ ★

(如有印装质量问题可更换)

# 前 言

　　管理是一门科学，更是一门艺术，是运用科学的手段、规范的制度调动人的积极性的艺术。不管是大型企业、中小企业还是机关事业单位，领导者所要面对的，无外乎人、事二字。而人是一切事情的执行者，由此可见，管人才是管理的根本。学会管人，是所有企业管理者和所有立志于凝聚人心、干一番事业的人所必须练就的能力。

　　如何做好一个企业的领导者？如何在不吼不骂中让企业蒸蒸日上，让员工为企业作出贡献？

　　第一，管人要先管好自己。管理者如果以身作则，事事为先，严格要求自己，将会上下同心，大大提高团队的整体战斗力。

　　第二，领导者要有人格魅力，有时候管理人心靠的不是技巧而是魅力。在今天的社会里一个人能受到别人的欢迎、容纳，他实际上就具备了一定的人格魅力。

　　第三，作为企业领导者，工作中难免会遇到各种性格不同的员工。如果能够尽量学会和各种不同性格的员工打交道，努力和更多的人相处得好，工作起来相互协调、密切配合，将会对企业的发展大有帮助。

第四,领导者要会识人、用人、授权,一个成功的领导者并不只是一个人在打拼,如果学会授权就会收到事半功倍的效果。

本书内容包括:如何以身作则做员工的榜样,如何树立威信让员工服管,如何用良好沟通构建和谐企业,如何激励员工不断奋进,如何发掘员工潜能,如何识人、用人、授权,如何赞美员工、批评员工,如何化解员工间矛盾,等等。详尽讲述了行之有效的管人的学问,相信会帮助你提升管理水平,使你成为企业不可或缺的人才。

读过本书后,你会发现:管人不难,关键在于视角的转换,领导者必须跳出自我的局限,从多个角度审视自己的管人方法。

# 目 录

## 第一章 带人要先管己：让自己成为团队成员的标尺和榜样

领导者的行为本身就是一把"尺子" …………………………………… 03
以身作则，以积极的行为做示范和导向 ………………………………… 05
用自己的工作热情激发员工的工作激情 ………………………………… 08
领导者良好的形象修炼至关重要 ………………………………………… 11
领导者要身体力行地做事情，带动员工 ………………………………… 14
善于"牺牲自我"，懂得身先士卒作为表率 …………………………… 16
给员工制定的要求自己首先要做到 ……………………………………… 18
对员工禁止的，自己也决不要做 ………………………………………… 20
要敢于在员工面前承认错误 ……………………………………………… 23
要与员工保持适度的距离，把握火候 …………………………………… 25

## 第二章 带人要有威信：让自己成为一个具有威信的"领头羊"

言出必行，以赢得队员们的信任 …… 31
用规章制度来树立自己和制度的权威 …… 34
要将恩和威放在同一高度，恩威并举 …… 38
推功揽过，赢得队员发自内心的佩服 …… 41
保持距离，亲疏有度 …… 43
最好的处理方式就是主动地低姿态认错 …… 45
采取果断措施，树立自身威信 …… 47

## 第三章 带人要懂善待：让自己的真心换取队员的忠诚

铺设与队员之间的"感情道路"，抓住人心 …… 53
只有真心地替员工着想才能赢得他们的心 …… 55
首先要把员工的利益放在心上 …… 57
选择家庭式管理的管理方法 …… 59
给予老员工真诚的关心并好好对待 …… 62
微笑管理是一种良好的激励方法 …… 64
清楚地记住每一位队员的名字 …… 67
尽量让队员的工作、生活两不误 …… 70
提供给他们"合适"的工作环境 …… 73

懂得从细微之处着眼，打动人心 ································· 75
放下架子，选择平易近人的姿态 ································· 77
避免权势压人，强行命令 ········································· 80
在自己能力范围之内为队员排忧解难 ··························· 82
要懂得帮助队员渡过难关 ········································· 85

## 第四章　带人要会沟通：让有效的沟通打造优秀和谐的团队

在管理中沟通千万不能忽视 ······································ 91
别让自己成为领导中的"沉默者" ································· 93
用心倾听队员内心的声音 ········································· 95
说话的魅力在于是否发自你的内心 ······························ 97
不要让自己和队员之间存在沟通障碍 ··························· 99
要训练自己优美而精炼的谈吐 ··································· 102
处于尴尬或对方故意刁难时要从容应对 ························ 104
懂得发挥幽默的力量，缓解紧张气氛 ··························· 106
有时要用委婉含蓄代替直话直说 ································ 108
对员工的抱怨，要拿出应有的耐心 ····························· 110
领导者要注意自己的说话细节和方式 ··························· 112

## 第五章　带人要会批评：让自己的批评尽量柔和一些

批评他人的时候要委婉一点 …………………………………… 117
在批评对方的同时要学会给一个"甜枣"吃 …………………… 119
采取恰当的方式，良药也可以不苦口 …………………………… 121
对员工的批评要注意对事不对人 ………………………………… 124
指出对方缺点时一定要注意场合和方式 ………………………… 126
批评这把利剑一定要做到因人而异 ……………………………… 129
最有效的批评方法之一就是暗示 ………………………………… 131

## 第六章　带人要会拒绝：让不合理的要求"就此打住"

倾听之后再做出拒绝 ……………………………………………… 137
拒绝队员时要把话说得柔和一点 ………………………………… 139
"谢绝"更容易被队员接受 ………………………………………… 141
婉转有效地进行推辞，避免尴尬 ………………………………… 144
在拒绝他人的时候要掌握度，避免得罪人 ……………………… 146

## 第七章 带人要会识人：让手下的千里马及时被发现

领导者要学会慧眼识人 ………………………………… 151
由表及里，真正地识别出人才 ………………………… 153
用人要用德才兼备的人 ………………………………… 156
在识人的时候，不要依赖个人喜好 …………………… 159
用人之道就是避开劣势，扬长避短 …………………… 162
及时发掘手下身上的闪光点 …………………………… 165
选拔和任用人才时一定要唯才是用 …………………… 167

## 第八章 带人要善授权：让每个队员都成为自己的主人

信任员工，放心大胆地授权 …………………………… 173
积极听取员工的建议并给予重视 ……………………… 176
对员工的意见要认真对待 ……………………………… 178
自己包揽一切只能让自己疲惫不堪 …………………… 180
别让员工过度依赖你 …………………………………… 183
信任员工但绝不是放任员工 …………………………… 186
要避免越级授权管理 …………………………………… 189

## 第九章　带人要会激发：让每个队员都激发出无穷的潜能

多多栽培，懂得给员工提供发展的平台 …………………………… 195
给员工不断地提出高标准高要求 ………………………………… 197
给员工提供进步发展的空间和余地 ………………………………… 200
给员工提供足够的晋升机会 ………………………………………… 203
要懂得把未来的愿景说给员工听 …………………………………… 206
给每一个队员都设立竞争对手 ……………………………………… 209
要懂得强化员工的荣辱意识 ………………………………………… 211
要使员工具有危机忧患意识 ………………………………………… 214
优胜劣汰是激发员工竞争意识的一种策略 ………………………… 216
让员工知道企业的真实状况 ………………………………………… 218

## 第十章　带人要会协调：让队员之间和谐融洽地工作

加强自身的协调能力 ………………………………………………… 223
没有"冲突"和不同的意见就难有活力 …………………………… 225
妥善地处理和化解队员之间的矛盾 ………………………………… 228
有些话需要换一种方式来说 ………………………………………… 231
运用智慧和影响力及时处理和化解员工间的矛盾 ………………… 233
一定要严格抵制谣言传播 …………………………………………… 235

慎重对待员工打"小报告"的行为 …………………………………… 238

# 第十一章 带人要会奖励：让员工的积极性得到提升

注重对"立功者"的奖励 …………………………………………… 243
奖金是员工绩效最为重要的手段 …………………………………… 245
要懂得用物质奖励来激发员工 ……………………………………… 248
加大福利方面的资金激励作用 ……………………………………… 250
实施员工持股计划 …………………………………………………… 253
暗地里给员工的奖励作用会更强烈 ………………………………… 256

# 第一章

## 带人要先管己:让自己成为团队成员的标尺和榜样

衡量一个领导者是否优秀,不仅要看他讲得如何,更重要的是看他做得如何。一个善于激励员工的领导者绝对不会坐而论道,只在口头上语出惊人,而是会实际行动起来,做一名真正的实干家,为员工做出好的表率。

# 第一章
## 带人要先管己：让自己成为团队成员的标尺和榜样

## 领导者的行为本身就是一把"尺子"

领导者的行为本身就是一把尺子，而员工就是用这把尺子来衡量自己的。领导者处处为员工树立一个高标准的榜样，员工们才会做得更好。

在一家企业、一个单位，甚至一个部门当中，领导者都是员工最直接、最有效的效仿标准，其一言一行往往决定着员工们的行为方式。

美国大器晚成的女企业家玛丽·凯非常注重企业组织中经理的榜样作用，她认为："经理作为一个部门的负责人，其行为受到整个工作部门员工的关注。人们往往模仿经理的工作习惯和修养，甚至可以说是如法炮制，而不管其工作习惯和修养是好还是坏。"

事实上，领导者的行为本身就是一把尺子，而员工就是用这把尺子来衡量自己的。领导者处处为员工树立一个高标准的榜样，员工们才会做得更好。拥有了作风好的领导和员工，企业就不愁得不到发展壮大的机会。反之，领导者的行为不检就会有上梁不正下梁歪的危机，那么企业想立稳市场就是一件极其困难的事。

一个真正优秀的领导者绝对不是以下达命令的方式管理员工的，而是要在工作中为员工起到表率作用。用自己的行动感化员工、带动员工，这可以

## 给你一个团队，你会怎么带

在潜移默化中达到说教无法达到的效果，即得到员工由衷的认可和尊敬，进而激起员工的工作动力，使员工任劳任怨地为企业作出更多贡献。

仅短短三年的时间，在某一大型电子企业就职的王皓就从一名默默无闻的科技研究部的部长，晋升为公司的高级主管，薪水翻了几番。他有什么管理秘诀吗？对此，王皓给出的回答是："哪有什么秘诀，无非是我善于以身作则罢了。"

身为一名部长，王皓没有天天坐在办公室里挥东指西，也没有像别的领导一样双手交叉在胸前视察员工的工作进程，而是每天把工作日程安排完后，就会在流水线上直接参与产品的生产，争取把每一个工作细节都了解透彻。每当来了新员工不会做时，他都会上前手把手地教他们，或坐在一边和他们一起干流水线上的工作。当手下看到王皓如此认真工作时，他们也就会认真地把工作做好。

有一次，王皓所管理的部门中由于一个员工的疏忽，导致产品出现大批量的质量问题，企业面临客户要求退货甚至解约的危险。作为部长的王皓承受的压力可想而知，但是他并没有一味地责怪那个犯错的员工，而是亲自带队，带领员工尽力修复出现问题的产品。每天下班，他并不拖延员工的下班时间，而是自己和一些组长来加班。这些员工看在眼里非常感动，也主动留下来加班。就这样，通过几天的努力，这批产品最终在客户验货之前赶了出来，并且顺利通过了对方的质检。

正是凭借着这种以身作则的智慧，王皓博得了员工们的认可和拥戴，从部长到主管，再到高级主管，他领导下的员工们做起事来都争先恐后，毫不畏缩。有如此优秀的领导和得力的员工，这家企业如鱼得水，发展飞快。

# 第一章
带人要先管己：让自己成为团队成员的标尺和榜样

看到这里，有人不禁会提出疑问了，为什么员工们会受到领导者的影响呢？要解释这一问题，就不得不提一句古话："近朱者赤，近墨者黑。"当一个人走进新的工作环境里，首先会以学习为主，所以领导者的一言一行都会受到员工的关注和效仿。

教育学家陶行知说得好："好学是传染的，一人好学，可以染起许多人好学。就地位论，好学的教师最为重要。想有好学的学生，须有好学的先生。换句话说，要想学生好学，必须先生好学。唯有学而不厌的先生才能教出学而不厌的学生。"在企业中，员工就是"学生"，领导者则是"先生"。

因此，如果你想做好员工的激励工作，想做一个优秀的领导者，就要少一些口头教化，多一些实际行动，以身作则，使自己拥有良好的工作作风和品质，给员工们提供一个可以效仿的标准，相信这种方法定能调动员工的积极性，使管理工作卓有成效，而且这也是领导者自我进步的最便捷之道。

以身作则并不是一件难事，它体现在工作中的每一个细节里。为此，你不妨时常拿以下这些问题问问自己："我希望自己的团队具有哪些品质呢？那么我的个人习惯能够体现我所期望的团队品质吗？""我希望员工对客户说话正确得体，可是我说话时是否达到了同样的标准呢？""虽然我一整天都坐在办公室里，但我的着装是否能和直接面对客户的员工一样端庄得体呢？"……

## 以身作则，以积极的行为做示范和导向

如果领导者能够以身作则起到示范的作用，并率先遵守制定的规章制度，

员工就会被领导者身上的热情和正气所感染，这就好比一种无声的命令，对员工的行动是一种极大的鞭策。

在工作当中，企业员工可能会遇到这样一个现象，就是领导者在制定企业规章制度后，要求其他员工遵守，但是自己却游离在制度之外。这种压强式管理带来的危害极大，虽然员工们表面不敢说，但是在内心却是极为反感的。领导者不以身作则，对员工们的积极性和工作效率会带来负面影响，这样的企业，就很难会有大的作为。

如果领导者能够以身作则起到示范的作用，并率先遵守制定的规章制度，员工就会被领导者身上的热情和正气所感染，这就好比一种无声的命令，对员工的行动是一种极大的鞭策。因此，领导者与其天天为员工不努力工作而发愁和伤脑筋，倒不如自己一心一意地去工作；与其要求员工去为企业拼命，倒不如自己身先士卒，拿出工作的激情。只要领导者自己专心工作，自己带头遵守企业规章制度，那么还愁员工不效仿吗？

企业领导者给员工树立学习的榜样，并不是一件容易的事情，它意味着企业的领导者必须时时刻刻不断地反省自身的缺点，用好的一面去影响自己的员工。

日本经联会会长土光敏夫曾经说过："作为企业主管，需要比普通员工付出更多的努力和心血，以激励手底下员工的工作热情。"正是因为处处能够以身作则，土光敏夫终于成为一位受人尊敬的企业家。

1956年，土光敏夫出任东芝电器社长，当时他手底下人才济济，但由于组织系统过于庞大，分设的层次也太多，加上管理人员不善管理，使得员工做事过分懒散，最终造成了公司业绩的低下。

# 第一章
## 带人要先管己：让自己成为团队成员的标尺和榜样

在土光敏夫接掌公司之后，他提出了"一般员工要比以前多用3倍的脑，董事则要用10倍。我本人则有过之而无不及"的口号来重新组建公司管理机构。他的口头禅是"以身作则最具说服力"。他坚持每天提前半小时上班，还要空出一小时的时间和员工一起讨论公司的问题。为了杜绝浪费资源，土光敏夫还曾经借着一次参观的机会给公司的各个董事上了极为生动的一堂课。

有一天，他手底下一个董事请他去参观一艘名为"出光丸"的油轮。在这之前，土光敏夫参观过油轮已经有9次，所以事先说好由土光敏夫带路。正好当时是假日，他们双方约好在"樱木町"车站门口会合。土光敏夫准时到达门口，那位董事乘坐公司的公车随后赶到了。双方见面之后，那位董事说："社长先生，很抱歉让您久等了。我看，我们就搭乘您的车前往参观吧！"那位董事错误地以为土光敏夫一定是乘公司的专车来的。

土光敏夫听了他的话之后，脸上毫无表情，说道："我是坐公交车来的，我们还是搭电车去吧！"那位董事当场愣住了。

原来，土光敏夫为了杜绝浪费公司的资源，使公司的一切都合理化，于是以身示范，不乘公车，搭电车外出，给那位董事上了生动的一课。这件事情立马在公司当中传开了，于是公司上上下下，立刻心生警惕，对公司的财物不敢再随便浪费。正是土光敏夫以身作则，使公司逐渐起死回生，业绩也开始提升。

企业想要形成一股正气，就需要领导者以身作则，以积极正确的行为去做示范和导向，这样不仅可以调动员工的积极性，也可以激发员工努力向上的干劲。反之，领导者抱有着消极、观望的态度，只会削减员工们的热情，使他们对企业的发展失去信心。

从上面的例子中可以看出，企业领导者的行为对员工的激励作用是巨大的，甚至比语言和舆论还要强大得多，也正如俗话所说"上梁不正下梁歪"、"强将手下无弱兵"，领导者的表率作用永远是激励员工的最有效的方法。

领导者不可能时时刻刻盯着员工，最为关键的还要靠员工自己自觉。但是这有一个前提——领导者做好自我管理，成为员工的榜样。

## 用自己的工作热情激发员工的工作激情

那些优秀的领导者都会用自己对工作的热情带动员工对工作的热情，会用自己的工作激情去激发员工的工作激情，从而打造出更高的工作效率。

热情虽不能代替好的策略和缜密的思维，但是我们千万不要小看热情的榜样力量。对于领导者来说，肩负着带动全体员工在企业中成长的责任，所以这种对工作发自内心的热忱显得更为重要。这是因为，领导者所表现出来的工作热情是一种精神力量，这种工作的热情会传染给身边的每一个人，可以给员工积极工作的动力，可以激起员工的工作热情，进而更愿意为企业努力和付出。

一位著名的营销家说过这样一句话："无论你有多高的才能，有多少知识，如果缺乏激情，那就等于是纸上谈兵，终将一事无成。如果智能稍差，才能平庸，但能对自己的工作充满激情，那么，你就不会为自己的前途操心了。"这即是说，对工作充满高度的热情，我们就可以取得不同凡响的成绩。

的确，热情是推动个人进步和企业发展的动力之源，这种力量就像一个

# 第一章
## 带人要先管己：让自己成为团队成员的标尺和榜样

巨大的"发动机"，能在工作中制造出巨大的积极能量。事实上，那些优秀的领导者都会用自己对工作的热情带动员工对工作的热情，会用自己的工作激情去激发员工的工作激情，从而打造出更高的工作效率。

乔丹·伯德是一位著名的企业家，他是以小小的巧克力发迹的，如今他的巧克力公司已经成为上市企业，他领导的员工多达五万人。他之所以能够拥有如此辉煌的成就，是因为他高昂的激情吸引了大批的优秀人员。

当年刚开办巧克力公司的时候，伯德根本什么都不懂，而且当时巧克力只是他喜欢的一种食品，他创办这家巧克力公司只是希望能够多赚一些钱而已。由于伯德对工作没有热情，巧克力公司的效益日渐下降，伯德知道自己再不努力整个公司就会垮掉。后来，他开始了与巧克力同呼吸、共命运的奋斗历程。他开始改变自己，尝试着去了解各种不同的巧克力，及每种巧克力需要添加的成分，在实践过程中他慢慢地对巧克力着迷了，他搜集各类与巧克力有关的书籍，出席各种巧克力的研讨会，尽可能地熟知一切巧克力知识，意在制作出世界上最好吃、最好看的巧克力。

在伯德看来，巧克力不仅是一种食物，而且还是一件美丽的艺术品。他与别人说的每一句话都离不开巧克力，并把所有的知识告诉他的每一个员工，他还经常教导他们："我们能让美观而美妙的巧克力给人们带来无限快乐，还有比这更美好、更有意义的事业吗？"伯德对巧克力和工作着迷的激情打动了每一个员工，他们的思想也不再定格于仅仅将巧克力制作出来，而是更加关心如何才能做出更好的巧克力，这种工作的热情已经成了乔丹·伯德公司员工的一种信仰。

乔丹·伯德在事业上有所成就，与其说是得益于他的才能，不如说是得益于他的工作热情，得益于他对巧克力的喜爱。当他满怀激情地工作时，这股热情传递给了身边的每一个员工，鼓舞和带动他们一同努力，去不断克服困难、解决问题、超越自我，从而获得了更多的乐趣，取得了出色的成绩。

既然领导者的热情对员工具有如此强大的感染力和影响力，那么，作为一个企业的领导者，应该如何以身作则，以饱满的热情来激起员工更高的工作热忱，推动员工不断追求更高的目标呢？我们不妨一起来学习一下：

1. 热爱自己的工作

如果一个领导者能够热爱自己的工作，就会对工作充满高度的激情，带着爱去对待工作，这种爱可以感染员工，激发员工对工作的热情。比尔·盖茨有句名言："每天早晨醒来，一想到所从事的工作和所开发的技术将会给人类带来巨大影响和变化，我就会无比兴奋和激动。"这句话阐释了比尔·盖茨对工作的激情，受到他的感染，"激情"也一直被作为微软的企业精神延续着。

2. 将每一件事都做好

一个热爱工作的人会把自己的热情融入到工作的每一件事情中去，包括最微不足道、最不起眼的小事，而不仅仅是在某一件大事上。其实，在工作中大事与小事并没有任何差异，而且大多时候基层员工们从事的正是一件件的小事，如果你能带着激情把每一件小事做好，那么员工自然也就会效仿，热情地做好每一件小事，如此就能在平凡的岗位上做出不平凡的业绩，企业自然就得以发展壮大。

第一章
带人要先管己：让自己成为团队成员的标尺和榜样

## 领导者良好的形象修炼至关重要

一个人的外部形象如何，常常向人显示了他是谁，也显示了他的自我感觉如何。对于领导者来说，外表形象就是他给员工、给客户的第一印象，而第一印象往往十分重要。

做领导要讲形象。任何一个人都要以独特的形象立足于社会，领导者尤其是这样。作为领导必须树立一个良好的形象，其要点有二：第一，要讲实"形"，做领导首先要有形，要像个领导的样子，但必须实在，切不可为塑造自己的所谓形象，故意让人捉摸不透，这是心里发虚、虚张声势而已；第二，要讲大"象"，"形"与"象"的区别在于，小象有形而大象无形。一个领导者，如果做事实实在在，说话坦坦荡荡，做人无"架"无"势"、无形无状、平平常常，就能达到"大象无形"的境界。

若能做到以上两点，不但得意不"妄"形，而且失意也不"妄"形，领导便不再是难为之事了。所以，领导者形象修炼的最高境界，在于知高大而止于平常。

培养超凡的领导魅力应首先从关注外表形象开始，外表形象是领导者所必须关注的。一个人的外部形象如何，常常向人显示了他是谁，也显示了他的自我感觉如何。对于领导者来说，外表形象就是他给员工、给客户的第一印象，而第一印象往往十分重要。又如，在行走中昂首挺胸、充满自信的领导者往往让他人乐于交往，而怯怯生生、缩头缩脑的领导者则让人鄙夷。那些衣着怪异、头发凌乱、长期不修剪指甲、领带污迹斑斑、衬衣下摆外露的领导者很难树立自己的威信。有时衣着随便草率往往是领导者某种个性的体现，但是他人却会认为这体现了该领导者马虎大意，思维不够缜密的个性。对于领导者来说，外表形象不仅是个人形象问题，而且是企业整体形象问题。

领导者的魅力更多时候表现在一种非语言的交流方式上。也就是说，领导者魅力的建立更多的时候不在于你怎么说，而是在于你怎么做和怎么表现你自己的想法。外表形象无疑是重要的一环。别人对领导者的第一印象一半以上受到领导者外在形象的影响。企业常常花费数百万元就是为它的产品寻找一个合适的包装，以此来吸引顾客的注意，对于领导者来说，领导者的形象就是领导者的包装。"任何一个做市场的人都会对你说，第一笔生意的成交85%受产品外观的影响，同一产品第二笔生意的成交85%受产品质量和内涵的影响。所以首先是包装，其次才是内在的东西。我们就像摆在货架上、装着麦片的包装盒，你得问问自己怎样才能让别人把你从货架上挑出来，而不是挑选摆在你旁边的那些包装盒。"制胜之道公司的创始人苏珊·斯克里布纳博士曾经这样说道。

领导者应该塑造一种让自己都感觉舒服的外在形象，通过这种外在形象来形成个人风格，这种风格应能恰当地表现自己的特点。领导者的个人风格和企业密切相关，它就是企业的象征。

外表形象的另一个重要方面就在于对肢体语言的控制。如果领导者的肢体语言表现出缺乏自信，那么领导者的信誉和能力都将受到质疑。对于业务员来说，和客户初次接触时的肢体语言直接决定了交易能否达成。同样对于领导者来说，肢体语言所传达的信号很可能在几秒钟之内决定领导者的成败。比如，坐立不安的领导者很明显是缺乏信心，谁愿意和缺乏信心的领导者合作呢？研究表明，当领导者不停地摆弄他的手脚，便意味着他想离开现场，这是一种透露出心不在焉的信号。因此对于领导者来说，在任何时候都要带着"我能控制局面"的自信，让自己的表现放松。

眼神也是塑造领导者优秀形象的重要方面。一个领导者的魅力在很大程度上是通过眼神来表现出来的。富有魅力的领导者都知道如何控制自己的眼神，以便使自己看起来就像是世界上最重要的人物一样。对于领导者来说，将眼神集中在谈话对象的身上是为了表示尊敬，同时向他表明自己对话题很感兴趣。同时，将眼神集中在谈话对象的身上还是为了表现自信、正直和诚实。

如果领导者拒绝直视别人的眼睛，别人往往会感到那是一种侮辱。一个汇报工作的员工如果发现领导者根本就不看他的眼睛，那么他的心情便可想而知了！

实际上，领导者以什么样的心态去塑造自己的形象至关重要。外在形象是个人素养、品格个性的自然体现，一个内向寡言的人，不可能永远扮演演说家的角色。同样，一个性格强硬的人，也不可能总是温情脉脉。每一种形象都有其魅力，根据自己的特点树立公众形象，才能个性鲜明，具有感召力。如果过于做作、扭捏作态，结果会适得其反。

塑造个性不等于不修边幅。很多人将不修边幅当作张扬个性的手段，这种做法在艺术界没人见怪，但对领导者来说，在某些特定场合注重着装仪表，却非常重要。领导者切记，展示个性要分清场合。

## 领导者要身体力行地做事情，带动员工

对个人而言，执行力就是办事能力。作为一个领导者，不应只享受成果，而是要身体力行地做事情，承担更大更重的责任。

企业的发展不仅需要好的管理策略和体系，更重要的是需要领导者的执行力，领导者的执行力是带动企业发展和员工进步的重要因素。领导者的作用发挥好了，是高层融入基层的一座桥梁，若是领导者的作用发挥不得当，就是横在高层与基层之间的一堵墙，势必不利于工作的开展。

的确，当你以一个管理人员的身份伫立在企业中时，如果你只是站在一旁指挥，没有让员工们看到你的执行力，那就是典型的"只许州官放火，不许百姓点灯"，这样的规章制度再冠冕堂皇也只不过是废纸一张，这样的领导在员工心里是没有威望的，自然就不能够激励员工尽职尽责、全力以赴地去工作。

执行，是战略的重要组成部分，它贯穿于组织经营管理的始终。培养强大的执行力，不仅仅能让你真正了解自己做事的能力，更重要的是为了让员工看到你的能力，用你的执行力影响员工、带动员工。

对个人而言，执行力就是办事能力。作为一个领导者，不应只享受成果，而是要身体力行地做事情，承担更大更重的责任。比如，给下面的员工规定了新的制度，首先自己要做到，让员工看到你的执行力，他们才能遵守你制

# 第一章
## 带人要先管己：让自己成为团队成员的标尺和榜样

定的制度。

事实上，衡量一个领导者是否优秀，不仅要看他讲得如何，更重要的是看他做得如何。一个善于激励员工的领导者绝对不会坐而论道，只在口头上语出惊人，而是会实际行动起来，做一名真正的实干家，为员工作出好的表率。

有位大型企业的总裁从开始创业到现在已拥有上百亿的资产，他一直把"正人先正己，其身正，不令而行"作为自己的座右铭，放在办公桌上勉励自己，坚持以自身的执行力，做好员工们的榜样。

由于企业很大，每次开会人员很多，因此难免有人会不守时而迟到。为了解决这个问题，总裁定下了一条制度：谁开会迟到，谁就要被罚站十分钟。这是一项很严肃的规定，所有的人无论是因为什么原因迟到，都要毫无理由地执行。

结果，第一个因迟到被罚站的人是该总裁之前的一位老领导，这个局面使所有的人都很尴尬。要是罚站的话，这位老领导年纪大了体力可能不支，而且他脸面上也过不去。但是规定面前人人平等，于是，总裁小声地对老领导说："您先在这儿站十分钟，今天晚上我到您家里给您站一小时。"

不仅如此，总裁本人也被罚过三次。当然那三次都是在他无法请假的情况下出现的，比如有一次被关在了电梯里边，等赶到会议室时已经晚了，总裁没有做任何解释而是自觉地站了十分钟，结果该企业开会迟到现象从此绝迹。

要求别人执行的，首先自己要执行；禁止别人做的，自己坚决不做。案例中的这位总裁就是这样打造自己的执行力的，他严格遵守自己公司的规章制度，亲自向员工作出了表率，试想连企业的最高领导都能以身作则，其他的员工又怎么能不遵守制度呢？这就保证了制度的有效执行，这就是真正的执行力！

"其身正，不令而行"，可见作为一个领导者，起决定作用的不是权力，而是自身的执行力。领导者的执行力对员工有着潜移默化的感染力和影响力，这种力量是一种无声的命令，没有比执行力更有效果的激励方式了！

在企业中，如果领导者能切记自己的职责与信念，把执行力带入工作细节中去，以身作则成为员工们的楷模，那么这种执行力势必会点燃员工的工作激情，培养员工积极向上的工作态度，如此企业也就能发展壮大。

## 善于"牺牲自我"，懂得身先士卒作为表率

当一支队伍陷入黑暗时，想要看到光明，就必须要有一个善于牺牲自我的领袖，站在员工的最前面身先士卒，为后面的人作出"跟我来"的表率，而不是对员工喊"给我上"。

现实工作中，有些领导者在与员工一起共事时，总是习惯指挥员工怎样做，遇到问题就退避三舍，关键时刻没有实力和勇气承担责任，把"包袱"扔给员工，让员工自己来做，当员工做不好时又只会指责员工无能，殊不知这样不仅不能有效地激励员工，反而只能受到员工的怨恨和抵制。

的确，当一支队伍陷入黑暗时，想要看到光明，就必须要有一个善于牺牲自我的领袖，站在员工的最前面身先士卒，为后面的人作出"跟我来"的

## 第一章
### 带人要先管己：让自己成为团队成员的标尺和榜样

表率，而不是对员工喊"给我上"。只有这样，员工才能从心里折服，心甘情愿地付出，领导者才能带领团队齐心奋进，才能吹响胜利的号角。

色诺芬将军不仅是古希腊优秀的哲学家，而且还是一名优秀的军事家，26 岁时他便经常在沙场上带兵作战。在一次战斗中，色诺芬将军的军队被敌人两面夹击，前面是战斗力极强的土著人，后面是波斯的追兵，情况十分危急。此时，军队只有加快速度抢占制高点才有可能赢得一线生机。

色诺芬将军骑在马上，大声地鼓励他的军队："亲爱的士兵们！请你们加快速度！快一点，再快一点吧！要知道你们现在是在为希腊而战，为你们的妻儿而战！稍加努力，前方的路就会畅通无阻！"

正在此时，一位士兵站出来反驳道："色诺芬将军，您一直骑在马背上，而我们却拿着沉重的盾牌步行，早已疲惫不堪，想走也走不动啊。"

听了该士兵的话，色诺芬将军立即跳下马背，拿过他的盾牌，然后徒步前行。这一下，士兵们再也没有话说了，士气高昂地向前冲击，最终他们先于敌人到达了制高点，成功地进入底格里斯河边肥沃的平原。

领导者的举动就像一个导航仪，导航仪指向何方员工就会走向何方。在关键时刻领导者只有为员工作出榜样，起到表率作用，才能有效地激励员工。色诺芬将军的这种举动是值得每一个企业领导者学习的。

关键时刻说声"跟我来"是一种勇于奉献精神，是一种勇于承担责任的表现。一位伟人曾说过这样一段话："人生所有的履历，都必须排在勇于负责的精神之后。责任是使命，责任是动力，一个具有强烈事业心、责任感的人，才可能有强烈的使命感和强大的内在动力，才能做好本职工作，才能勇于担当；而一个没有事业心和责任感的人，是不可能勇于担当的。"

如果你还在为自己不会管理而烦心,为没有机会做领导者而抱怨,那么你不妨先问问自己以下三个问题:

在面对困难时,我是退避三舍,还是迎难而上?

在面对风险时,我是逃之夭夭,还是勇于挑战?

在面对失败时,我是将责任推诿给别人,还是勇于承担责任?

你是否能够做好领导者,做好员工的激励工作,就决定于此刻的选择。

## 给员工制定的要求自己首先要做到

作为现代企业的领导者,要想得到企业员工的认可和拥护,你就必须真抓实干,亲身示范,给员工制定的制度必须首先自己要做到,对员工禁止的自己也绝不去做。

俗话说"己所不欲,勿施于人",意指只有自己愿意去做的事,或者自己行为上做得了的,才可以要求别人去做;如果你自己也不愿意做,或者做不到,那么这种事情就不要要求别人去做。同样,作为现代企业的领导者,要想得到企业员工的认可和拥护,你就必须真抓实干,亲身示范,给员工制定的制度必须首先自己要做到,对员工禁止的自己也绝不去做,用自己的行动激励员工。

事实上,如果企业的领导者只迷恋于"发号施令",习惯于用现成的材料,擅长于听汇报、看报表,不愿亲自动手干,不深入实际调研,那么员

# 第一章
## 带人要先管己：让自己成为团队成员的标尺和榜样

工们做起事情来肯定没有劲，而且领导者长此以往还会因为对工作实际把握不准造成决策的偏向，最终导致难以掌控全局和管理工作的失败。

因此，我们应该看到领导力是一个综合体，领导者要想对员工产生权威影响，既需要善于驾驭指挥的能力，也需要有业务工作能力，也就是说既要能领导又要能亲自干，两者兼具则有助于完美推动工作，达到激励员工的效果。

一次，东芝公司的一位业务员向土光敏夫反映说公司有一笔业务，可是怎么也谈不下来。原因是，客户方主管经常出差，很多次上门拜访都无功而返。土光敏夫听后对业务员说："啊！请不要泄气，我上门试试。"

听到董事长要亲自"出征"，业务员吓一大跳。他一是担心董事长不相信自己说的话；二是担心董事长亲自上门拜访买家主管，万一那主管又不在，这不是太让董事长丢面子了吗？便说："董事长，您不必亲自为这些具体小事操心，我多跑几趟总会碰上那位客户的。"但土光敏夫执意要去。

第二天，土光敏夫在业务员的陪同下来到买家主管的办公室里，不出所料果然没有碰到那位主管，但是土光敏夫并没有离开，而是一直坐在那里等。半天后，那位主管终于回来了。当他得知等候他的人竟然是土光敏夫时，连忙说道："对不起，对不起，让您久候了。"土光敏夫微笑着说："贵公司生意兴隆，我应该等候。"

那位主管知道自己公司并没有多大的交易额，但是堂堂的东芝公司董事长却能亲自上门与他洽谈，觉得特别荣幸，所以很爽快地达成了交易。最后，这位主管热情地握着土光敏夫的手说："本公司无论如何一定买东芝的产品，但唯一的条件是董事长不必亲自来。"这位随同土光敏夫前往洽谈的业务员目睹此景后深受教育。

给你一个团队，你会怎么带

土光敏夫亲自"出征"的举动，不仅顺利达成了一笔交易，而且他这种耐心而巧妙的营销技术，也教育和激励了他的员工，带动他们毫无怨言地努力工作，这也是东芝公司能稳居全球销售市场前列的重要因素之一。

古曰"禁胜于身则令行于民"，这句话就是我们常说的"只要以身作则，就能令行禁止"。领导者不仅要执行规章制度，而且是规章制度的维护者，这就像是一面旗帜，要笔直站立才能给员工力量，成为员工的榜样，从而带动员工前进。

## 对员工禁止的，自己也决不要做

李嘉诚曾经说过，企业领导者的一言一行，一举一动，无不被员工看在眼里，对员工的行为施加影响。

作为企业的领导者，要明确自己的角色定位，必须能够正确地理解自我。做事先做人应当是领导者永世不忘的座右铭。由于领导者既是制度的制定者和推行者，也是制度的执行者和培训者，这就要求领导者在要求员工的同时更应该严格地要求自己，要以身作则。正如古人所说的"其身正，不令而行；其身不正，虽令不从"。一个领导者只有严格地要求自己，起好带头表率作用，才能服众。一个连自己都管理不好的人，有什么资格去对他人说三道四呢？作为领导者，要想把自己的决策贯彻始终，必须身体力行。禁止员工去做的，自己首先不要去做。这样的领导者，才是值得员工尊重的领导者，也

# 第一章
## 带人要先管己：让自己成为团队成员的标尺和榜样

才是最有威望的领导者。

当日本《东京日报》面临危机的时候，为了重整旗鼓，作为新上任的老板，小野泰森就采取了一种以身作则的做法，成功地度过了危机，使公司重新焕发了生机。

20世纪的七八十年代，全世界一片萧条，在这种情况之下，新老板小野泰森上任之后，厉行节俭。一天，他看到地上有几张没有用过的白纸，于是，把财务部长叫来，当着对方的面把这些纸片捡了起来，重新利用。小野泰森这种行为使得部下对于勤俭节约有了新的认识。大家都想着，连老板都这么节俭，自己今后一定要注意。小野泰森还语重心长地告诉大家："如果不注意杜绝小的浪费，那么积累起来就会变成大的浪费，无论哪个公司都是经不起这样的浪费的。"

小野泰森的这个经历告诉我们，首先领导者要起好带头作用。

当然，我们说企业的领导者要以身作则，并不是说要整天扮着领导者的面孔，不苟言笑，并不是让人做一个不识情趣的木偶，也不是说每天要为检点自己的行为而谨小慎微，作为一个企业的领导者你可以通过你的个人特点，如专长或个人魅力等来影响员工，这样员工就能信赖你、依赖你。

总之，只有以身作则才能让员工敬畏你、跟随你，你才会成为一个成功团队真正不可缺少的指挥者，而不仅仅是因为权力而建立起来的权威。

那么，领导者如何做到以身作则呢？卡耐基在一本书中给我们提出了以下四条建议：

第一，企业的领导者要具有自我管理素质。善于自我管理的领导者能够独立思考、工作，无须严密的监督。

第二，企业的领导者要忠于一个目标。大多数人都喜欢与把感情和身心都奉献给工作的人共事。除了关心自身，领导者应忠于某样东西：如一项事业、一件产品、一个组织、一个工作团队或一个想法等。

第三，企业的领导者要培养自己的竞争力，竭尽全力以达到最好的效果。领导者掌握着对组织有用的技能。领导者的绩效标准应比对工作团队要求的要高。

第四，企业的领导者要有魄力，讲诚信。领导者独立自主、有判断力，员工才可以信任他的知识和判断力。领导者应有较高的伦理道德标准，值得信赖，并且勇于承认自己的错误。

海尔集团的领导者张瑞敏就一直强调领导者严格自我要求、令行禁止的重要性。比如在海尔的"天条"里，就有一条是"不能有亲有疏"，即领导的子女不能进公司，张瑞敏的儿子是一所著名大学毕业的大学生，但是张瑞敏不让他到公司来，因为他怕子女们进了公司，互相联系起来，将来想管也管不了。正是由于张瑞敏以身作则，海尔的其他领导人都以他为榜样，自觉地遵守着规范，才使得海尔的事业得以蒸蒸日上，并成为中国率先进入世界五百强的民营企业。

作为企业的领导者，做到以身作则，才能够以德服人，取得他人的信赖和认可。海尔在张瑞敏的带领下，由一个濒临破产的小企业发展为今天有上百个亿资产的大企业，成为中国电冰箱方面的龙头老大，并成功地打入了美国市场，而张瑞敏也被人们看作民族英雄，成为一个具有崇高威望的企业领导者。的确，海尔能有今天，与张瑞敏的人格魅力和严格的自我要求是分不开的。

# 第一章
带人要先管己：让自己成为团队成员的标尺和榜样

## 要敢于在员工面前承认错误

一个敢于在员工面前承认错误的领导者不仅不会因为错误而降低在员工心中的威信，反而会得到员工更进一步的尊敬爱戴，而且这样的行为会在员工中起到意想不到的激励效果。

很多领导者在犯了错误的时候却把责任推掉，虽然保全了自己一时的形象，不过却也失去了最为重要的资源，那就是员工对自己的信任。一次的回避，对自己的形象维护是有利的，但如果一旦养成习惯那就很容易露馅，员工对你的品质与工作能力必然会产生明确的判断。这个时候，你就会成为一个众人口中的"伪英雄"，并且永远也不会成为一个团队的精神领袖，永远也不会成为员工眼中的榜样，那么"以身作则"这四个字的激励箴言也就无从谈起了。

事实上，犯错误并不丢人，关键是勇于承认错误并加以改正。在员工面前公开承认自己的错误并不是一件丢脸的事情，而是一种敢于负责任的表现。一个敢于在员工面前承认错误的领导者不仅不会因为错误而降低在员工心中的威信，反而会得到员工更进一步的尊敬爱戴，而且这样的行为会在员工中起到意想不到的激励效果。

勇于认错，不仅是一个领导者应有的一种素质，也是一种提高员工士气的有效方法。其实，许多大公司的领导者都具备这样的特质。

给你一个团队，你会怎么带

2001年，美国戴尔公司的许多业务骨干、技术先锋都想跳槽，这对公司来说是一个巨大的灾难。于是，公司CEO（首席执行官）迈克尔·戴尔下令调查原因，然而结果却出乎意料，原因竟是出自戴尔本身：多数员工认为戴尔性格腼腆、感情淡薄、不近人情，所以员工们对他没有多大的亲切感以及忠诚度。

反馈上来了之后，戴尔对自己进行了深刻的反思，几天后他当众对手下20名高级经理认错：承认自己过于腼腆，有时显得冷淡，难于接近，承诺将和他们建立更直接的联系。员工对"极度内向"的戴尔公开反省非常震惊——如果戴尔都可以改变自己，其他人有什么理由不效仿呢？就这样，这一场人事危机就在戴尔的道歉中慢慢地化解了，2005年戴尔公司被《财富杂志》评为"美国最受赞赏企业"的首位。

当有记者问戴尔有什么管理公司的秘诀时，戴尔说自己并没有什么高招，只是能够坦然承认自己的错误并加以改正罢了。有人说："那么，腼腆是错吗？"戴尔的回答是："如果员工说是，那就是。"随后，他给出了这样的解释："认错要认员工眼中的错，不是认自己脑中的错。"

由此看来，领导者对待错误的关键在于态度，低头认错比抬头辩解要"划算"得多。员工不会因为你对错误的遮掩和固执而仰视你，同样也不会因为你的坦然认错而小看你。相反，勇于认错会让员工看到你的坦诚和改正错误的勇气，如此他们也就能在工作中勇于认错和改错。

一位哲人说："认错是一种美德。"大多数人都愿意指出别人的错误而拒不承认自己的错误，所以大多数人都是庸人。领导者更要学会以身作则，坦然地承认自己的错误，与员工建立良好的信任关系，这无疑是一种良好的激励艺术。

当然，领导者向员工认错也是有一定技巧的。首先，要目的明确，要把事情的重点凸显出来，抓住要点、认清对象，将事情原委向员工讲清楚并加以改进；其次，认错时一定要态度诚恳，考虑员工的感受。最后，用员工喜欢的方式认错，而不是用自己喜欢的方式，如此才能被他们接受，令他们深受感染。

## 要与员工保持适度的距离，把握火候

与身边的人打好交道，不等于说与他们过于亲密，你的一切个人的事情都放心地说与他们听。而与员工保持适度距离，不但重要，而且必要。

家丑不可外扬，不可把过多的私人关系卷入办公室。领导者的一些重要的私人关系，不宜向员工、同事透露。作为领导者，如果你的亲人、朋友过多地出入于你的办公室，也会造成公司高层人物对你的不信任。

领导者的家庭住址最好与公司地址距离远一些。虽然每天上班还要来回坐车，但却可以有效地把公事、私事分别开来。领导者在与自己的亲戚朋友之间进行私人往来时，留给他们的个人地址，应该是家庭住址，而不是办公室地址。留给他们的电话号码也应是家中的而不是办公室里的。这样你那些亲朋好友在找你时，可直接找到家中。

领导者还应管好自己的私人用品。个人物件最好不要带到办公室里。带到办公室里的必需品也要刻意保管好。比如一些药品、私人信件、书籍等。

领导者的一些私人活动，也以远离公司为妙。比如你请别人到饭店吃饭，席间要谈一些重要事情，如果不巧碰上你的员工，可能会产生很尴尬的场面。另外领导者的洗浴、理容等个人活动，也以远离公司为妙，以免与公司熟人发生"撞车"的可能。

以上所述，并不是说领导者与员工在下班后不接触，只不过是说，世界是复杂的，领导者要保护自己的隐私，维护自己的外在形象罢了。

领导者在办公室里自然要与员工打交道，在办公室之外，领导者当然还要与员工、同事或上一层领导有所往来，虽然这时候的交往气氛往往比较轻松，不再同于办公室的严肃庄重，但领导者在这时的人际交往更需富有技巧性，既与员工、同事接近，打成一片，又不要随随便便，让人把自己一览无余，否则，你就没有权威可言了。

领导者与员工、同事聚会，比如公司开展一些庆祝活动等，大家都难免要同坐在一个酒桌上，吃吃喝喝。这时，领导者幽默活泼一点，活跃酒桌的气氛是必要的，但在酒桌上更有一些必须遵循的礼仪。又活泼，又守礼，才能使场面又热闹，又有序，使活动获得圆满成功。这样可大大加强领导者与他人之间的联系，更能提升他在众人心目中的形象和地位。

领导者要注意和身旁常接触的人搞好关系。在工作中与你接触多的人，窥探你秘密的机会就多，就容易介入你的私生活，不要与他们有一种敌对的关系，否则将对你大大不利。如果你能与他们保持友好的状态，你的一些小缺点他们也容易接受，而且他们还会自觉地维护你的个人形象。

领导者应特别注重搞好与私人秘书的关系。领导者同秘书在工作上、生活上建立一种互相支持、互相理解的友好合作关系很重要。这不等于说领导者与秘书保持男女之间的暧昧关系。人们对于男性领导者与女秘书的关系极

# 第一章
## 带人要先管己：让自己成为团队成员的标尺和榜样

为敏感。正因如此，领导者才更须做到光明磊落。同样，与身边人打好交道，也是领导者维护自身形象的一个重要方面。

与身边的人打好交道，不等于说与他们过于亲密，你的一切个人的事情都放心地说与他们听。而与员工保持适度距离，不但重要，而且必要。

每个人周围都有一种无形的界线，你不可逾越。这是一种私人生活的界线，一种内部思想和感情的界线，他们不愿向外面的人透露，尤其是在工作中相互合作的人。作为领导者，你不适合成为他们最信任和最亲密的朋友，否则你将冒一种很大的风险；作为领导者，你绝不应该将自己与员工的关系延伸到一些过于亲密的关系之中，你必须分清其中的界线，而不能跨越一步，否则会带来一种灾难性的后果，你们都将陷入情感的困扰之中。

正如著名管理学家帕瑞克所说的："除非你能管理'自我'，否则你不能管理任何人或任何东西。"示范的力量是惊人的。领导者要想管好员工必须以身作则，公私分明。一旦通过表率树立起在员工中的威望，将会上下同心，大大提高团队的整体战斗力。得人心者得天下，做员工敬佩的领导者将使管理事半功倍。

# 第二章
## 带人要有威信：让自己成为一个具有威信的"领头羊"

领导者不树立威信，就无法起到"领头羊"的作用，无法依靠众人取得成功。

《辞海》说："有威则可畏，有信则乐从，凡欲服人者，必兼具威信。"威信是一种大品格、大诚信，是一种大能力，是一种大智慧，更是一种大勇气。在企业内，威信主要由专业所长、从业经历、工作绩效及人格魅力构成。有威信者不是靠权力去管理，而是通过人格魅力的影响来管理。

第二章
带人要有威信：让自己成为一个具有威信的"领头羊"

## 言出必行，以赢得队员们的信任

从正常的角度来看，领导者实现了对员工的承诺，就可以换取员工对自己的信任，继而营造出整个团队的合作精神和融洽的气氛。

身为领导者，就要有"君子一言，驷马难追"的魄力，话说出去了，就要能够兑现，如果没有十足的把握兑现，就不要随便许诺，因为一时的承诺换来的只是员工的片刻欢喜，但时间久了，就会让员工失望。诚信待人，是在告诫企业的领导者，说出来的话就要落实，绝不能反悔，也就是言出必行。这不光是做人的基本原则，也是作为领导者应该有的品行。

很多的企业领导者为了笼络人才和鼓励员工，会不假思索地对员工做出承诺，比如："今天要是能够超额完成任务，大家到月底就可以拿到分成"、"只要你们努力工作，我们公司一上市，到时候人人都是公司的股东"……可是当企业逐渐地步入正轨后，员工得到的不是承诺，而是看了一场镜中赏花的戏，做了一个水中捞月的梦，如此一来，企业领导者很容易在员工心中留下"不守信用"的印象。时间久了，员工就对这样的企业失去信心，不愿再在这样的企业中为不守信用的领导效力。

一个商人家中养了一些门客。有一年，年景不好，商人家里收入低，他感到如果还像以前那样供养这么多门客就有些困难了，于是只好跟门客们将实情说出，说明在未来的一年内，每位门客的供奉将会减少很多，不过承诺如果来年收成好了，一定会将欠下大家的供奉双倍补偿。

门客们听到这些话，有些人很不满意。没办法，商人为了留住每一个门客，只好准备实行第二套方案，到亲朋家中借点儿钱过来填补，以保证每个门客的供奉不变，但是却要求这些钱的利息由门客们分担。这个消息传开后，门客当中依然有人不满。这下商人就为难了，只好去请教一位老学者。

老学者听完商人的话后，微笑道："你可曾注意到面对你第一套方案不满的都是些年纪较大的门客，对第二套方案不满的多是些年轻的门客？"商人点点头。老学者笑着说："上了年纪的人，基本上都没什么雄心壮志了，都是些过了今天还不知道有没有明天的人。他们很在乎眼下所得。而对那些年轻人来说，他们刚刚来到你这里，正是踌躇满志的时候，都希望能够在你手底下大有作为。眼下的困难对他们来说不算什么，但是他们不愿意给自己加上一个负担。所以他们会反对第二个方案。所以，你给门客们的待遇，不能采取一个相同的模式，对那些年岁大的人，应该保障他们眼前的既得利益，对那些年轻的人，应该看重他们未来的发展。"

商人按照老学者所说的，回到家里重新调整了一下对门客们的待遇，果然令大家基本满意。大家齐心协力，帮助商人渡过了这一个难关。

有很多领导者常常感到困惑，他们经常通过各种手段来刺激员工的工作积极性，当工作目标真的达到的时候，他们的承诺也会兑现，可为什么目标还是常常达不到呢？

在这里就要告诫企业的领导者们，任何企业的发展都要有一个清晰明确的发展目标和规划。同时，这个目标一定要立足于现实的基础上，不切实际的目标就好比水中月、镜中花。那么，作为企业领导者应该如何做到言出必行，从而赢得员工们的信任呢？

1. 利益的分配要因人而异

从正常的角度来看，领导者兑现了对员工的承诺，就可以换取员工对自己的信任，继而营造出整个团队的合作精神和融洽的气氛。但是，这里还有一个"众口难调"的问题，也就是怎么分配员工的利益，如何分配才能让大家都感觉满意。

在这里，企业的领导者还要掌握一个小窍门，就是要"因人而异"。这里的因人而异不是要领导者偏袒某些人，而是要根据功劳和付出的大小对利益进行分配。如果把握不好这一点的话，就会让员工觉得自己的领导做事不能够"一视同仁"，同样会让员工对领导者失望。

2. 制定科学的企业发展战略

当团队取得了成绩之后，就要让自己的员工能够得到实际的利益，要让他们知道，他们的付出会得到等价的回报。任何事物的发展都有一个循序渐进的过程，可是总有些企业领导者想着一步登天，想要一口吃个大胖子，让自己的企业迅速获得发展。于是，这个月签下一大笔订单，就希望月月都能够这样，订单源源不断，同时要求员工们如何去做，并许下年终奖会有多少多少。总之，如果企业不能扎扎实实地一步步迈进，到头来，目标就达成不了，给员工的承诺也兑现不了，甚至让大家有种被忽悠的感觉，觉得领导说的话很不靠谱。正确的做法是，扎扎实实，不浮夸求进，任何目标都要依照现实去定。

3. 许下的承诺需要多番思考再行

都说"三思而后行"，领导者在给企业员工许下承诺的时候，必须要用心思考。有些领导者做事情比较冲动，常常脑门一热，就给员工许下"空头支票"。这些未经过深思熟虑就随便"蹦"出口的承诺，可以兑现的可能性很小。一旦不能够真正兑现，就会让员工觉得自己的领导说话很不靠谱。这样一来，就会影响到企业的发展进步。

所以，作为企业的领导者，如果不能够兑现承诺，就不要轻易地去承诺。如果承诺真的许下，就要想方设法地去兑现。如果真的发生了很多棘手的问题，而造成承诺要打折扣，就需要和员工及时地进行沟通，让他们知道，这一次没能兑现诺言，实在是情非得已。如果只是偶尔一次因为某些特殊的原因没能兑现承诺，也必须进行及时的沟通，这会让员工觉得你是一个值得信赖的好领导。

总之，对员工最好的承诺，就是让他们能够看到切实的利益。这是对企业领导者的最大考验。那些将口号喊得震天响的领导者，拿不出像样的成绩出来，只会让员工产生很大的不满。只有让员工觉得自己的利益得到了保障，他们才会勤勤恳恳地帮助领导者完成企业的生产、发展任务。

## 用规章制度来树立自己和制度的权威

不同的领导者有不同的管理观念，但是，相同的是，对于那些无视企业纪律的员工，一定会毫不留情地予以清除，因为这些人只会威胁企业的生存和发展。

我们常说："无规矩不成方圆。"没有规章制度的企业就是一盘散沙。没

## 第二章
### 带人要有威信：让自己成为一个具有威信的"领头羊"

有规章制度，或者不能按照规章制度严格办事，势必不能端正员工的工作态度，也就不能改变企业的整体形象。

一个有智慧的企业领导者，不光要懂得企业制度的建设，更要懂得很好地实施这些制度，因为制度本身就是工作管理中的一部分。不同的领导者有不同的管理观念，但是，相同的是，对于那些无视企业纪律的员工，一定会毫不留情地予以清除，因为这些人只会威胁企业的生存和发展。

有远见的领导者必须对违反企业制度的员工施以适当的处置，给他们以警示，如果他们还一意孤行，领导者就不能再听之任之，而要拿出严格的惩罚措施维护自己和制度的权威。

日本伊藤洋货行的董事长伊藤雅俊就是一个行事严谨的企业家。他给人的印象向来是彬彬有礼，有股儒雅之风。但是在企业的管理上，他却从来不靠个人感情做事。他要求员工不能因为对企业的贡献、功劳而自傲，凡是达不到工作要求的员工，他都会毫不留情地将他们清除出员工队列。

岸信一雄本来是东食公司的员工，后来跳槽到伊藤洋货行。东食公司是一家以生产食品为主的公司，所以，他对食品的经营极有经验。因此，他的出现为伊藤洋货行带来了一股发展活力。在此后的十多年当中，他为公司作出了极大的贡献。

面对取得的骄人成绩，岸信一雄有些居功自傲，并在一些经营理念上和伊藤雅俊发生冲突。而在人际交往当中，岸信一雄更加放任自己，常常一派目中无人的形象。他的行为和伊藤洋货行的管理风格形成冲突。

伊藤雅俊也无法接受岸信一雄的做法，要求他立刻改变工作态度。但是岸信一雄却对此不屑一顾，做事情依然我行我素，伊藤雅俊批评得狠了，他就说："你没有看到我的工作业绩在不断上升吗？"

在无可奈何之下，为了维护公司的制度，伊藤雅俊决定解雇岸信一雄。虽然他很心痛，但是岸信一雄的做法使企业内部形成了一种习惯势力，造成管理上出现真空的局面，如果任由它发展下去，就会给整个企业带来厄运。

当解雇岸信一雄的消息传出后，公司内部很多人感到惊讶，不少人为岸信一雄求情。可是伊藤雅俊就说了一句话："制度是企业的生命，如果不对不遵守制度的人进行惩罚，就会对企业造成危害。即使这种惩罚会给企业造成一定的损失，我也是在所不惜。"

在伊藤雅俊看来，企业的领导者要懂得知人善任。而知人善任，是要看他能不能在公司的制度下发挥自己的才能，只有这样，一个企业才能形成真正的良性竞争机制。他时时刻刻地警示自己手下的员工：企业要想发展，只有实现奉献精神和自我价值观，而不是权力的滥用和毫无章法的自我主义。

规章制度是企业的秩序和行为规范，严格地遵守企业的规章制度，才能有利于企业领导者的识人、用人，才能确保企业的健康发展。任何企业的规章制度都不能成为摆设，而应该以有效的手段保证它的落实。如果有人试图违反制度，就绝对不能姑息迁就。

那么，领导者怎样才能最大限度地提升用人效果，建立起自己的威信呢？

1. 先严后宽

千万不要让手下的员工认为规章制度只是在领导口中，而没有任何的约束性。在企业的管理当中，一定要将丑话说在前头，遵守规章制度的给予奖励，反之则罚。经过这些奖惩，使员工养成自觉遵守规章制度的良好行为。以后即使没有人监督，员工们也能主动地遵守企业的规章制度。

2. 制度民主化

要让自己的每一位员工知道，企业的规章制度是经过了一定的民主程序形成的。但是如果没能有效地告知员工怎样去遵守，那么它存在的合法性就会大打折扣。在企业的生产实践当中也有这种现象出现：当规章制度出台之后，领导者却不能告知每一个员工，当员工犯了错误才想起来用规章制度来处罚员工，这是不对的行为。因为，"不知者不为过"。

3. 对事不对人

很多企业当中，不乏这样的现象：某些员工违反了企业的制度，但是由于出错的是某些处于中层的领导干部，为了维护他们的领导威信而网开一面，免于处罚。如果这样的话，只会使得规章制度失去权威，就不能让大家信服了。所以，要想有效地维护规章制度的权威性，就需要一视同仁，任何人都不能例外。

4. 从小事着手规范管理

打个比方，当员工在用餐时，领导者可以随时进行突击性的检查，看他们吃饭是否卫生、是否浪费了粮食等。如果有这样的问题的话，就要他们随时纠正自己的错误。同时，加强监督，发现了错误后，告诉他们要如何去改正错误，从小事上帮助他们养成服从管理的习惯。

5. 适时改动内容

无论多么完善的规章制度，从出台的那一天开始就注定会老化的，因为一个企业是不断发展的，员工也是不停更换的，同时环境也是不断在变迁的，这就需要企业的管理制度也能够与时俱进，随同企业的发展适时地作出更改。只有这样，规章制度才能发挥出作用。

制度能够激发员工的积极性，制度也能让领导者更加方便地去管理。同时，制度能强化领导者的权威，在管理上达到事半功倍的效果。

给你一个团队,你会怎么带

## 要将恩和威放在同一高度,恩威并举

领导者既要有母亲般的慈爱和温和,时时刻刻给员工真诚无私的爱意,同时又要"手握利剑",对员工的各种过错绝不能迁就,要将恩和威放到同一高度。

每个人都有自己的价值观,所以对待事物的态度都不相同,遇到这种情况的时候,领导者要采取双重手段,对待"敬酒不吃吃罚酒"的员工要恩威并举,来个先礼后兵。从客观上讲,人们在交际活动中,软与硬是相辅相成、密不可分的。所以,领导者要抓住员工们的心思,暗中实行"恩威并举"的政策,让员工既服从,又感激。

在恩威并举方面,曹操的造诣很高,他是怎样做的呢?

当年曹操出兵攻打南边的张绣,打了败仗,为了保存实力,只好带领部队先行撤退,曹操部下首领夏侯惇所率领的青州部队(属于曹操嫡系部队)中的部分士兵借着这个机会到老百姓家哄抢粮食、牲畜,霸占民女、抢人钱财、杀人放火,无恶不作。面对青州兵的违法乱纪行为,身为首领的于禁当机立断命令自己的部队对祸害百姓的士兵就地剿杀,以泄民愤,好给受害百姓一个交代。没想到,青州部队倚仗自己是曹操的嫡系部队,平时优待惯了,不但不自我反省,还在曹操面前装无辜,诬陷于禁,说他对曹操的领导不满

## 第二章
### 带人要有威信：让自己成为一个具有威信的"领头羊"

意，要造反。曹操听到嫡系部队首领的这些煽风点火的话，怒发冲冠，马上带领着大部队向于禁兴师问罪。

于禁在遭到曹操的质问后，并没有急着为自己辩解，而是先去忙着安营扎寨，以做好防御敌人的准备。果然，他刚刚把部队安置妥当，张绣的两路大军就杀气腾腾地冲过来了。由于于禁准备充分，这一次终于打退了追兵，并且又夺回一百多里失地，打了一个大胜仗，曹操也因此反败为胜了。

在战斗结束后，曹操找到于禁，向他问及事情的来龙去脉，于禁将事情原委一一陈述。曹操这才恍然大悟，他拉着于禁的手，连连称赞于禁是自己不可多得的将才，并且还主动向于禁道歉，深刻地表达了自己的诚意。不仅如此，曹操又赏了他很多金银珠宝，还给他升了官。而对于那些诬陷于禁的嫡系部队里的官兵，曹操一点儿也不手软，统统给予军法处置。

曹操对部下赏罚得当，赏罚必行。这样做一方面充分调动了部下的积极性，让部下更加有干劲，另一方面又使部下对他敬畏有加，服服帖帖、忠心耿耿。这种恩威并举的手段就是一种御人之术，同时体现了曹操处事的英明之处。部下们看到他如此公正严明，自然在心中对他是更加敬佩。

在现实当中，作为企业领导者，刚柔并济、恩威并举永远都是一条好计策。

西洛斯·梅考克是美国国际农机商用公司的老板，他在用人原则上能很好的坚持原则，如果有人违反了公司的制度，他一定依照公司的规章制度严格处罚。但这并不意味着他不讲人情味，相反，他能够关心员工的疾苦，设身处地地为员工的利益着想。

有一天，跟着他工作十多年的老员工违反了公司的制度，借酒闹事，迟到早退，还因此顶撞上级领导，这在公司的制度当中是绝对不能容忍的事情。当这位老员工在公司闹事的事情被报告给梅考克的时候，他只是迟疑了一下，然后立刻提笔写下了"立即开除"四个字。

但是梅考克毕竟和这位员工有过患难之交，本想下班之后到那位老员工家中好好地对他进行一番安抚，没想到，那位老员工接到自己被开除的通知后，怒火万丈地跑到梅考克面前气呼呼地说道："当年你的公司负债累累，濒临倒闭，是我和你患难与共，三个月不拿工资，我也心甘情愿，如今就犯了这一点点的错误，你就将我开除，难道就一点儿情分也不讲吗？"

听完老员工的这番话后，梅考克平静地说道："你也是公司的老员工了，公司的规章制度你又不是不知道，作为公司的骨干人员，你应该带头遵守才是。我和你的私人恩怨，不能影响到公司的规章制度，任何事情我都要按规矩办事。"

梅考克接着又仔细地询问了老员工闹事的原因。从交谈中，梅考克才知道老员工的妻子去世了，留下两个儿子，一个孩子因为跌断了一条腿而住院，另外一个孩子因吃不到母亲的奶而面黄肌瘦。老员工在极度的痛苦当中，整日借酒浇愁，才造成了他整日上班迟到早退。

了解到老员工家中的情况后，梅考克十分震惊，他接着安慰老员工说："现在你什么都不用想，赶紧回家，为你的夫人准备后事，好好地照顾两个儿子。我们是好朋友，我是不会将你逼上绝路的。"说着掏出一沓钞票递到他手中。老员工感激得热泪盈眶，梅考克又嘱咐老员工："安心回家照顾孩子，不必担心工作。"

老员工转忧为喜，问道："你是想撤销开除我的命令吗？"梅考克问："你希望我这么做吗？"老员工摇摇头："我不希望你为我破坏公司的规章制度。"梅考克拍着他的肩头，笑道："这才是和我同甘共苦的好朋友，你安心地回家照顾孩子,一切的事情我会做出合理安排的。"

于是,梅考克坚决执行他的开除命令,以维护公司的纪律制度,同时将这位老员工安排到一家牧场,负责牧场的管理工作。梅考克的方法,在解决了这位员工的困难的同时,又没有破坏规章制度,由此赢得了员工的心,大家都将梅考克当成了一个关心员工的好老板,是一个值得信任的领导者。从此,那些员工们更加努力地为梅考克工作,为公司创造了一个又一个的辉煌业绩。

有人曾说,作为企业的领导者要善于"以母亲的手,握着宝剑",这是一个十分形象的比喻。这意思是说,领导者既要有母亲般的慈爱和温和,时时刻刻给员工真诚无私的爱意,同时又要"手握利剑",对员工的各种过错绝不能迁就,要将恩和威放到同一高度。如果能够做到这一点,就会让员工对你又感激又尊重。

## 推功揽过,赢得队员发自内心的佩服

一个人想要成就一番大业,就必须在他周围的人心中树立起一个良好的领导者形象。只有这样,你才能在员工心中树立起权威,让别人从内心真正地佩服你。

有这样一句俗言:"人在江湖飘,哪能不挨刀。"常在河边走的人,总有打湿鞋子的时候。常年混迹于职场当中的人，犯错挨罚是常有的事情。作为一个企业的领导者，能够揽过于己身，敢于为员工的过错负责，是能够顾全大局的体现。对这样的领导者，相信所有的员工都能够踏踏实实地帮他做事情，以更加出色的表现来回报领导者的关心和保护。

一个人想要成就一番大业，就必须在他周围的人心中树立起一个良好的领导者形象。只有这样，你才能在员工心中树立起权威，让别人从内心真正地佩服你，从此更加努力地帮你做事情。因此，一个有智慧的企业领导者除了应该懂得在员工面前保持自己的权威，还要巧妙地对员工施以仁爱，推功揽过，为员工挡下必要的责任。

李健是一家国有企业总裁的秘书，由于他办事能力极强，为人勤恳，做事卖力，将公司上上下下都打点得周到全面，所以受到领导的重视和关怀。对他的成绩，总裁看在眼里，自然十分满意，认为他是一个不可多得的人才，就多次犒赏他的功劳，并多次对他进行破格提升。就这样，李健在公司的地位可谓是如日中天。

但是，高处不胜寒，公司里很快就传出了各种对李健不利的谣言。有人说他是总裁的亲戚，所以才会对他这般关照。这些谣言愈演愈烈，让李健本人十分不安。为了平息这些对他不利的谣言，李健只好尽量少出风头，偃旗息鼓，低调了很多。但是，这样一来，李健的积极性遭到打击，工作的热情消退了不少，办事效率自然大不如前。

谣言很快传到了总裁的耳朵当中，总裁对这些造谣者十分气愤，于是他四处明察暗访，终于知道这是因为有人从中作梗。他便花费了一些时间，找出那些造谣的刺儿头，在公司的大会上为李健做主，将那些造谣的人狠狠地批评了一顿，并定下"再有无故生事者，立即解雇"的规定。

## 第二章
### 带人要有威信：让自己成为一个具有威信的"领头羊"

这次大会，让李健打消了心底的疑虑，很快以更加饱满的状态为公司做事。而公司当中，其他像李健这样的人才见到领导能够给属下做主，心中都有了底，做起事情来就更加用心了。

上面案例中的那位总裁无疑是一个精明的企业领导者，他能够在员工面临困境的时候主动站出来，为员工平反申冤，扫除他在工作中的障碍，最终为自己赢得了人心。

当然，我们提倡企业的领导者推功揽过，并不是让他们一味地迁就、照顾员工。一切的行为，都应该在坚持本企业工作的原则下进行。本着有利于员工团体的建设、调动员工积极性和创造性的原则，给员工以尊重关爱，为员工能够积极工作创建一个好的环境，以此激发他们的工作动力。

## 保持距离，亲疏有度

绝对不能让员工没有上下级的观念，也不能允许员工太过放肆，得让员工清楚，领导永远是领导，无论领导多么平易近人，在工作上是不允许员工故意犯错误的。

我们常说，距离产生美。诚然，若即若离的关系，会对人与人之间的和谐相处起到一定的作用。作为企业的领导者，应该明白一个道理：若即若离，亲疏有度。和员工尽量保持一个和谐的关系，做到工作和私下的关系不冲突、不影响。

李嘉诚的长江实业公司和下属的多个公司都是由他的儿子和老员工们管理的。综观当代企业，很多的家庭式管理都造成经济损失。但是李嘉诚的公司经济效益只上不下，这是什么原因呢？答案就是李嘉诚在公司对待员工亲疏有度，不论是自己的儿子还是员工，犯下错误都要接受处罚，但是私下的时候，他们还是亲密无间的父子，或者是共同患难的兄弟。这种管理方法让他在员工面前显得有威信，员工自然尽心尽力做事。

谈恋爱时，恋人之间需要保持距离感，如此才能有"距离产生美"的效应。同样，在管理企业的时候，领导者也要同员工保持距离，做到亲疏有度。当然，"亲疏有度"、"若即若离"是需要一个尺度的，倘若领导者令人"望而生畏"、"神秘不可接近"，似乎让员工们很难买账。

那么，什么样的距离才刚刚好呢？所谓距离有以下两种。

1. 心理距离

这种心理距离其实就是内心的一种距离意识，领导者所做的一切，与群众关系密切也好，打成一片也罢，都是为了保障工作有效的运行，同时也为了巩固自己的地位，以及维护自己的权威。

2. 实际接触距离

这种距离的定位是由远近和频次来决定的。领导者和员工走得太近或者接触得太频繁，会给工作带来影响，让员工觉得能在领导者面前肆无忌惮。

企业领导者可以一直以"和群众打成一片"的形象出现，也可以允许员工在非正式的场合随意一点，但是绝对不能让他们没有上下级的观念，也不能允许员工太过放肆，得让员工清楚，领导永远是领导，无论领导多么平易近人，在工作上是不允许员工故意犯错误的。

想成为一个合格的领导者，又想获得员工的尊敬，就要做到亲疏有度，在和员工保持一定距离的同时，也要让员工觉得你平易近人。

## 最好的处理方式就是主动地低姿态认错

一个人做错了事情，最好的处理方式是主动认错，而且是以低姿态认错，而不是去找一些冠冕堂皇的理由为自己辩解。

一位优秀的企业领导者曾经说过："有一次，我将我手下的一个员工骂得狠了一点，伤害了他的自尊。第二天，我认识到这个问题，知道是我做得不对，我就发给他一封邮件，向他真诚地道歉。我的那个员工为此感动得不得了。在以后的工作中，他做事情十分认真，帮我处理了很多公司中的难题。现在，我觉得有了错误能跟大家主动地检讨，不会丢面子，勇于承认错误是一种职业责任感，更是一种宽广的胸襟。"

人非圣贤，孰能无过？犯错误不可怕，可怕的是有了错误不敢承认。作为企业的领导者，要永远记住，犯了错误就一定要改正。同时如何面对自己的错误，是一个值得深究的话题。

一些中层领导在犯错的时候，常常不愿意正视自己的错误，没有勇气承认自己的错误，担心承认错误会让自己在员工面前失去威信。殊不知，不能正视自己的错误并勇于承担责任，只会让员工更加看不起。这样的领导者，

**给你一个团队，你会怎么带**

在员工面前又有几分影响力可言呢？

一个人做错了事情，最好的处理方式是主动认错，而且是以低姿态认错，而不是去找一些冠冕堂皇的理由为自己辩解。

著名遗传学家弗朗西斯·柯林斯曾在美国国立卫生研究院担任人类基因组研究所所长，可谓是事业有成、前途无量。他的实验室当中有一个医学和哲学双科博士生作了一篇学术论文，并投给了杂志社。可是杂志社却认为他的文章盗用了其他学者的研究成果，因此将他的稿件退回了。本来这是手下员工的个人事情，但是柯林斯立刻写信给另外的几个杂志社，要求将这个双科博士生已经发表了的几篇论文全部撤回。然后，柯林斯承担起所有的责任，并将那个造假的学生开除了。事情到此还没完，他又写了两千多封信，给相关领域的科学家，将自己学生造假的事情告诉了他们，并就这件事给他们道歉。虽然柯林斯的这一番作为会让他本人和实验室的声誉受到很大的损失，但是他还是坚持这么做了。

果然，在短期内，柯林斯的声望受到了损失，但是后来所有的人都对这种勇于承认错误的精神更加钦佩，柯林斯被认为是一个道德高尚的科学界领袖，做了一件对科学界十分有益的事情。

作为企业的中层领导者，如果能够主动地承认自身的错误，本身就体现了责任感。任何人都有犯错的时候，犯错了就要勇于承认错误。能够坦然面对自己身上的弱点和错误，进而改正它们，对今后的工作和进步将会是一件很有利的事情。对员工而言，一个敢于承认错误的领导者是一个有担当、坦荡、可信、值得尊重的领导者，会使员工更加钦佩你，对你的印象只会更好。对于死不认错的领导者，他们只会更加反感。

## 第二章
带人要有威信：让自己成为一个具有威信的"领头羊"

金无足赤，人无完人，任何人都会做错事情，即使是企业的领导者也是这样。弗朗西斯·柯林斯主动承认错误的事情值得每一个企业领导者借鉴。如果犯了错误还拒绝承认，这样的领导者才是最愚蠢的。

一个领导者如果能够坦然面对自己的错误，并勇于承担责任，会比一味地强辩有用得多，企业员工也会对领导者产生一种敬畏。

## 采取果断措施，树立自身威信

领导者一味地退让，就会让员工察觉出领导者的软弱，进而对领导者的威信不屑一顾。但如果能够及时地采取果断的措施，处置那些敢于扰乱纪律、不服管教的害群之马，领导者的威信就会很快被树立起来。

企业当中总存在着一些"害群之马"，这类人在员工中有一股无形的破坏力。就比如迟到问题，一个员工迟到了，或许在隔天的时候就会有另一个员工迟到，一个月中，从来没有出现过全体员工满勤的情况。身为企业的领导者，就要发挥领导的作用，拿出"杀一儆百"的气魄，对迟到的人进行处罚，为企业、为自己树立起权威。

这里的杀一儆百不是盲目的，通常被"杀"的员工都是有严重过失的人，这类人在员工中有煽风点火的作用。这就好比是"擒贼先擒王"的道理，如果将不遵守秩序的领头人给治理了，还怕后面的人不引以为鉴吗？

有一个成语叫作"法不责众"，如果你对整个团队都进行指责的话，就会使大家产生分散责任的错觉,他们大多是不会受到太多的触动的。他们甚至会有这样的想法:"反正出了什么事情,大家一起兜着,怕什么?"所以,面对这种情况,一定要抓一个代表出来,起到杀一儆百的作用。只有这样,才能引起其他人的警觉。

家住在广东的李女士,一年前在广东省东莞市的一家民营高科技企业担任行政人事主管一职,主要负责公司的行政、人事、办公室、后勤等各项职务。

上任之初,这家公司存在着很多的问题,大多数的员工工作的时候没有热情,上班时,用公司电脑打游戏的情况常常出现。从普通的员工到一些部门的主管,他们都沉迷于游戏当中。

在李女士上任之前,该公司的管理制度也是漏洞百出,根本找不到关于禁止员工上班时间玩游戏的条例。为了进一步弄清公司的情况,李女士拿出两个月时间,对公司进行了一番明察暗访,终于弄清了公司的情况。在了解了公司的情况后,接下来李女士就在公司的宣传栏上提出了动员全体员工提出修改管理制度的布告,开始修改公司的管理制度。一个星期后,李女士从布告栏上的建议中选取了一些有用的出来,特地增加了"公司计算机管理"部分,通过严明的纪律法规,严禁在公司的电脑当中下载、安装电脑游戏,如果有违反的,第一次记大过,第二次扣发全年奖金,第三次开除。李女士的建议,公司的领导者经过审阅后,除了对几个小问题进行了修改之外,宣布开始实行。

然而,长期懒散惯了的员工只是收敛了几天,就故态复萌,玩电脑游戏的风气依旧未能改变。李女士对此很是头疼,经过一次调查才发现,原来员工们之所以敢于这样疯狂地玩游戏,离不开一些"带头者",其中包括好几个

## 第二章
### 带人要有威信：让自己成为一个具有威信的"领头羊"

部门的领导。普通员工看到领导都这样玩游戏，自然是"上梁不正下梁歪"。针对这些情况，李女士下定了杀一儆百的决心。

一天早上，李女士和一些公司的负责人到办公室进行突击检查，果然遇到一些员工正在手忙脚乱关闭游戏画面的情景，李女士毫不犹豫地对那些敢于置公司法令于不顾的主管、领导予以处分。杀一儆百的效果立竿见影，在见到领导都受到惩罚之后，员工们再也不敢在上班的时候玩游戏了。

从上面的例子可以看出，一个人玩游戏，其他人就接踵而上，有领导在上面跟着玩，员工自然是肆无忌惮。李女士"杀一儆百"的做法，目的无疑是让员工们改掉上班时间玩游戏的恶习，重整工作氛围。

领导者一味地退让，就会让员工察觉出领导者的软弱，进而对领导者的威信不屑一顾。但如果能够及时地采取果断的措施，处置那些敢于扰乱纪律、不服管教的害群之马，领导者的威信很快就被树立起来。

同时，企业领导者应该记住，管理严格的同时也要用人情感动员工。我们常说："情理法。"情排在最前头，没有人情味的管理制度，再好也是失败的。

# 第三章

## 带人要懂善待：让自己的真心换取队员的忠诚

《孙子兵法》中讲：攻城为下，攻心为上。也就是说，战争中用武力打败对方算下策，使用各种方法使对方内部不稳而获胜是中策，不用去打就能胜利的是上策。"攻心为上"，这是一切兵法的核心思想，也是一切管理工作的核心思想。聪明的领导者要善于用情感来赢得员工的心。

## 铺设与队员之间的"感情道路",抓住人心

铺设领导者与员工之间的"感情道路"也是营造向心力、活力和竞争力的需要,是促进领导者掌控员工、抓住人心的有效手段之一。

员工是人,不是机器,他们的心灵需要得到关怀和慰藉。几乎所有的员工都喜欢人情味浓一点的企业,因为这样的企业能给他们带来精神上的满足。薪酬、待遇等可以说是硬性物质条件,而人情味却是软性的,在"柔性"管理之下,员工会如沐春风,意兴盎然,感受到一种家的温暖。

有一则寓言,颇有意味。

狂风和太阳打赌,看谁能把行人身上的大衣脱掉。狂风首先来了一股刺骨的冷风,吹得行人瑟瑟发抖,于是把大衣裹得更紧了;太阳发出灿烂的光芒,行人觉得温暖而惬意,继而脱掉了大衣。最终,太阳获得了胜利。

由此及彼,如果领导者"铁面无私"、"冷冰冰",如果企业只是一味提高薪酬标准,而没有人情味,那么在这种刺骨的冷风下员工只会"大衣裹得更紧"。在他们看来,薪酬也只是自己应得的回报,企业对待自己与对待机器

和原材料没有什么本质的差别，如此就没有工作热情可言。例如，有个员工得了一场大病，请了半个多月的病假在家养病，待他恢复健康来办公室上班时，如果领导者对他的到来面无表情，毫无反应，不加半句客套，没有一句问候的话语，员工哪里还有心情认真工作？

相反，多给员工一些关爱，营造充满人情味的环境，将企业文化渗入到员工的心灵深处，这增进的不仅是员工对企业的归属感，还能营造一种宽松的发展环境。潜能的发挥要基于宽松的环境和舒畅的心情，如此员工的潜能就能得到充分发挥，为企业创造持续性的经济效益，令企业迸发出旺盛的生机和活力。

正是出于这种原因，在一个有丰厚经济利益和人情味的企业上班，是很多人对完美工作的定义，甚至有些人为了追求工作上的顺心会放弃更优厚的待遇。

邹明大学刚毕业时凭借优异的学习成绩轻松应聘到一家广告公司做销售部经理助理。这家公司规模较大，资金充裕，有很大的发展潜力，邹明也感觉前途一片光明。然而，不到半年他就跳槽了，原来这里的领导一派官僚作风，经常叫邹明做这做那，就连泊车也不例外；而且，员工只要出现工作失误就会被罚款；更夸张的是，公司时常会让员工一连三四天加班到夜里一点左右，而且没有加班费。思来想去，邹明向领导提出了一点意见，结果是完全被驳了回来。

最后，邹明实在忍受不了，跳槽到一家科技公司做销售主管。这家公司虽然规模不大，工资不是太高，但是却给了邹明很大的触动，原因就是这家公司充满了人情味。整个公司就像一个大家庭一样，从老板到部门领导都没有架子，而且从不轻易让员工加班，加班时工资肯定也不会少。有一次邹明因交通意外骨折了,领导居然还亲自买了营养品与水果来看望他,让他备受感动,油然而生一种幸福感。

经常被领导指挥着做这做那,只要出现工作失误就被罚款;动不动就连续加班三四天,而且没有加班费。试想一下,在这样一种缺少人情味的环境下工作,有谁还会死心塌地为公司打拼呢?恐怕只会敬而远之。

领导者在对员工进行管理时多一些人情味,可以说是每个员工求之不得的。人情味浓的企业不仅讨员工的喜欢,而且从企业的自身发展来看,铺设领导者与员工之间的"感情道路"也是营造向心力、活力和竞争力的需要,是促进领导者掌控员工、抓住人心的有效手段之一。毕竟人心都是肉长的,你真心关爱员工,员工自然会真诚相报,为企业尽心尽力,甚至同企业患难与共。

领导者应该用"爱的精神"对待自己的员工,在工作上给予支持,在生活中给予照顾,营造充满人情味的环境,不拘泥于死板的模式,为员工提供广阔的成长空间。在这样的氛围中,每个员工都会争先恐后贡献自己的才能,由此形成企业可持续发展的良性机制,这比冷冰冰的制度要强多少倍。

## 只有真心地替员工着想才能赢得他们的心

领导者若想创出辉煌业绩,赢得员工的拥护,就要关心员工,帮助员工。如果你能真心替员工着想,赢得他们的心,那么他们自然会替你着想,维护

## 给你一个团队，你会怎么带

你、拥戴你。

三国时期，孟获是当时南中地区的少数民族首领，深为当地土著和汉人所信服，一段时间曾带兵反叛蜀汉。诸葛亮一打听，知道孟获不但打仗骁勇，而且在南中地区各族群众中很有威望，便决心把孟获争取过来。他下了一道命令，只许活捉孟获，不能伤害他。

第一次交锋，诸葛亮运用计谋将孟获活捉。孟获心想，这回一定没有活路了。没想到进了大营，诸葛亮立刻叫人给他松了绑，好言好语劝说他归降。但是孟获不服气，说："我自己不小心，中了你的计，怎么能叫人心服？"诸葛亮也不勉强，陪着孟获一起骑着马在大营外兜了一圈，看看蜀军的营垒和阵容。

孟获傲慢地说："以前我没弄清楚你们的虚实，所以败了。现在我知道你们的阵势了，要打赢你们也不难。"诸葛亮爽朗地笑了起来，说："既然这样，您就回去好好准备一下再打吧。"孟获被释放以后，逃回自己部落，重整旗鼓，又一次进攻蜀军。但是他本是一个有勇无谋的人，哪里是诸葛亮的对手，第二次又乖乖地被活捉了。诸葛亮劝他，见孟获还是不服，又放了他。

就这样又放又捉，一次又一次，诸葛亮一直把孟获捉了七次。到了孟获第七次被捉的时候，诸葛亮还要再放。孟获却不愿意走了："丞相，现在我打心底里敬服您，从今以后，我不敢再反了。"遂归顺蜀汉。

诸葛亮之所以能够成功地收服孟获，在于他使用了攻心战术，"攻心为上"。"攻心为上"就是说做人的工作一定要做人心的工作，要使工作对象产生心里的认同和认可。通过又放又捉，孟获看到了诸葛亮的谦逊、气度以及对部下的关怀，这样的领导他自然愿意为之卖命，这就是攻心的结果。

## 第三章
### 带人要懂善待：让自己的真心换取队员的忠诚

《孙子兵法》中讲：攻城为下，攻心为上。也就是说，战争中用武力打败对方算下策，使用各种方法使对方内部不稳而获胜是中策，不用去打就能胜利的是上策。"攻心为上"，这是一切兵法的核心思想，也是一切管理工作的核心思想。聪明的领导者要善于用情感来抓住员工的心。

这一点并不难理解，在日常生活中，我们不难看到男女交往的一幕幕情景：当男人征服了一个女人的心后，她就会全心全意地去爱他，只要他能接受，她愿意终身依傍他也无怨无悔，这就是攻心的妙处。此理在管理领域也适用，只要你能够控制住员工的心，他们势必会为你赴汤蹈火。

领导者若想创出辉煌业绩，赢得员工的拥护，就要关心员工，帮助员工。如果你能真心替员工着想，赢得他们的心，那么他们自然会替你着想，维护你、拥戴你，这样，你便可以取得无往而不利的可喜成就。

## 首先要把员工的利益放在心上

要想收获员工的忠诚，首先要把员工的利益放在心上，适当地对员工加以奖励，可以激发员工的工作积极性。

古往今来，既要马儿跑又不给马儿吃饱的事情还很少，用人却不给予物质利益刺激的却十分多见。这个世界上，任何一个人的进取心和事业心都直接和利益相关联。坦白地讲，有的人工作是为了建功立业，有的人工作为的就是财富。所以，想要收获忠诚，就必须要将员工的利益放在心上。

人与人之间的关系与利益分不开。一个员工第一次为企业作出贡献,企业领导者可以不给予奖励,第二次作出贡献也可以不奖励,但是第三次,或者多次以后,就会发现员工在做事上缺乏了积极性。所以,有时候利益会激发员工们的积极性和潜力。同时,给予员工利益,将员工的利益放在心上,也会获得他们的忠诚。

小张是某个服装企业的销售部经理,在企业年会上,因为小张部门业绩突出,公司给予了奖励。会议结束后,小张拿着奖金回到部门,他没有将奖金全部收入囊中,而是拿出一大部分奖励手下的员工。

员工们拿着奖金,虽然金额不多,但是个个喜滋滋的。有其他部门的经理就不明白了,于是问小张:"老板发的奖金是给你的,没有说要给手下人分,你怎么舍得分一大半给他们呢?"

小张却说道:"用这点儿奖金换来手下人的忠诚,你觉得我还愁拿不到更多的奖金吗?"

小张给予员工利益,换来的是他们的忠诚。对小张的员工来说,奖励多少不是关键,最关键的是小张将员工们的利益放在了心上。通常,真正有才能的员工,提出某些利益要求,其实并不过分,他们所要求的多为处尊位、扬其名。这里的利益也是有尺度的,倘若员工狮子大开口,那么只能说明其心思不正了。

日本的麦当劳每年都要在员工身上花费上千万日元。麦当劳采用的方法,是发给全体员工和他们家属每人一张就诊卡,随时都可以凭卡接受诊疗。给员工在东京建立卫生基金,当员工或者员工家属生病的时候,能够立刻进入

指定医院就医，避免因为来不及得到救治而丧命。后来有一段时间麦当劳没有因病住院的职员。那么，每年花费在员工身上的千万日元是不是白花了？

答案是否定的，因为这些利益给予了员工温暖，使员工团结一致地为企业工作，能够解决员工的后顾之忧，让他们安心地为企业发展作贡献，那么花费再多的钱，对麦当劳来说都是不吃亏的。

要想收获员工的忠诚，首先要把员工的利益放在心上，适当地对员工加以奖励，可以激发员工的工作积极性。员工们开心的同时又能为企业尽心尽力地做事，作为企业领导者看到这样和谐的画面，怎会不欣慰？

## 选择家庭式管理的管理方法

家庭是家庭成员们共同栖息的地方，成员们为家庭付出是理所当然的。在家庭式管理之下，即便员工们感觉累了，也会尽心尽力地为企业做好事。

科学研究显示，人类的情感最为丰富，而人的感情也是相互的。你对我好三分，我便对你好十分。于是，很多企业领导者利用这种心理，对员工展开了家庭式管理，给予员工家庭般的感觉，抚慰员工的心灵。

家庭对人们来说是温馨的，每当人们感觉疲劳、无助、孤独的时候，都会想起家庭。家庭内没有永久的矛盾和隔夜的仇恨，正因为如此，很多企业领导者都会选择家庭式的管理方法。

著名企业家费雷得·德卢加有过一段自主创业的经历。1964年,他开了一家三明治快餐店。短短几年的时间,他就将这家快餐店发展成很有名气的连锁店。

那么德卢加的成功有什么诀窍呢?很重要的一点:像家人一样关心自己的员工。

德卢加招聘员工的要求比较严格。一天晚上,他在忙完自己的事情后依照常例,亲自到店检查工作。他进入了一家餐厅后,发现这家餐厅的柜台十分凌乱,柜上的食品放得杂乱无章。看到这种情形,德卢加自然火冒三丈,对正在干活的一位员工大声喝骂,责令他马上将整个餐厅收拾干净,并亲自帮助员工整理起来,干完活后,德卢加留下一句"下不为例",就走出了餐厅。

第二天,当德卢加在店中查看销售记录时,十分吃惊地发现,昨天被他批评的那名员工所在的分店,近期销售量远远地超出了其他店的销售记录。他这时候才反应过来,那家餐厅之所以乱,就是因为那家餐厅顾客太多,但人手却不够,不是那位员工的责任,他是一位十分称职的员工,一直在尽心尽力地为企业工作。想到这件事情,德卢加心里很不踏实,觉得自己对不住这名尽责的员工。

当天晚上,德卢加专程又来到了这家店,并亲自向这位员工道歉,没想到这位员工对德卢加的道歉丝毫没有放在心上,只是随口回应了一句没关系,德卢加感觉到,这位员工并没有说出自己的心里话。

德卢加觉得这样可不行,不能让自己的员工带着情绪做事。如果不能处理好这件事,会影响到整家店的销售业绩。于是,德卢加就对这位员工进行了进一步试探,并鼓励这位员工将自己的心里话说出来,后来,德卢加再为

## 第三章
### 带人要懂善待：让自己的真心换取队员的忠诚

昨晚发生的事情真诚地表示歉意。

在德卢加的引导下，这位员工终于肯说话了。他承认自己的的确确还在生老板的气，想想看，任谁无缘无故地受了这么大的气，要不生气，那才是怪事。自己辛辛苦苦、任劳任怨地为老板工作，没有得到老板的表扬也就算了，却因为误会，白白地被训了一顿。他向德卢加说出了自己的委屈，他说："您骂过我之后，我的确心里很不满，我不知道该怎么样才能够发泄心里的愤懑，就在您离开餐厅后，我悄悄地到储藏间，拿了一加仑的食用油，狠狠地倒入了排水沟当中……"

这件事情引起了德卢加进一步的深思：是不是自己的疏忽、多疑，蒙蔽了自己的眼睛，进而导致判断失误，批评了一位尽职尽责的好员工呢？如果不能处理好这件事情，那损失的就不单单是一加仑的食用油了，而是一个人才。

在以后的管理当中，德卢加不光学会了如何关心员工，并懂得处处为员工着想，和员工的关系也越来越融洽，让他们更加积极地为自己的老板做事情。

领导者需要换位思考，适当地给予员工们关心和理解，让他们有种被家庭温暖的感觉。家庭式管理有很多的益处。

1. 员工们会更加热忱地为企业做事

家庭是家庭成员们共同栖息的地方，成员们为家庭付出是理所当然的。在家庭式管理之下，即便员工们感觉累了，也会尽心尽力地为企业做好事。并且，家庭式管理让员工们的工作效率大大提高，员工们会付出自己的热情，做起事来也是事半功倍。

2. 员工内部团结一致

如何让员工们团结一致地为企业付出，似乎成为企业领导者比较头疼的

给你一个团队，你会怎么带

问题，因为企业中总有那么一些不恪尽职守的员工存在。成功的企业领导者都懂得去关心自己的员工，因为他们知道自己由普通员工一路走来的辛酸，知道员工也是有感情的，知道员工也需要领导者的关心和理解。如何给予员工家庭般的感觉，用"家"的温暖来抚慰员工的心灵，是当今企业领导者必修的课程。

## 给予老员工真诚的关心并好好对待

企业的老员工当中，不乏经验丰富、德高望重的人，他们的存在，是企业不可或缺的财富，如果给他们真诚的关心，说不定可以激发他们身上更多的潜能，让他们为企业奉献余热。

在很多的公司，我们可以发现，一些员工岁数大了，就会被辞退，以前的功过在企业中都是昙花一现。但是，人世间都遵循了生老病死的循环，没有人可以青春永驻，长生不老。

有些企业对待老员工们很是苛刻，但是还有些企业对待老员工比对待新员工还要好。这样会造成的结果是前者企业人心不一，而后者企业则团结一致，员工的积极性比前者多出很多。对企业领导者来说，给老员工们好的条件是必然的，如何对待老员工也是一门学问。

那么在企业的发展过程中，如何去对待老员工呢？

## 第三章
### 带人要懂善待：让自己的真心换取队员的忠诚

李嘉诚是每个商人学习的榜样，李嘉诚在创业的时候，有一批和他一起奋斗的员工，等到他功成名就之时，那些员工都一个个地老去了。李嘉诚没有将老员工们辞退，而是像亲人一样去对待他们，给予这些共同患难的老员工优厚的待遇，直到老员工们退休之后，也时刻关注他们的生活，给予贴心的慰问，这在长江实业公司是一段佳话。李嘉诚认为，企业内的老员工就是一笔财富，他们或许在行动上比不上年轻人，但是在经验上远远超过年轻人。

当今社会发展迅速，企业的员工制度和性质也发生了变化，企业员工流动性强，很少有哪一位员工在一个企业工作终生。这里面很大一部分原因是因为领导者觉得员工年纪变大，对企业的价值越来越小，做事不多，还要给予高工资，实在是浪费。

有一家美容机构，生意十分好，它是由一家名不见经传的小店发展起来的，如今已经有十几家的连锁店了。就在企业飞黄腾达的时候，问题出现了。有一款新产品推出之后，老板担心销售不好，于是就想到了给员工提成的方法。

产品是销售出去了，但是员工拿走的也不少，老板为此很心疼，钱都让员工拿走了，那怎么行呢？所以需要改变公司的管理政策，这一改就毁掉了自己经营多年的企业。老员工们纷纷提出辞职，出现这种现象的时候，老板没有检讨自己在哪儿出了问题，也没有及时地挽留老员工，而是当着员工们的面说道："世界上什么都缺，就是不缺人。"

结果多米诺骨牌效应出现了，老员工们一个个都走了，同时带走了很多的老客户，而新员工也不能及时到位。就这样，一家很有希望做大的企业关掉了很多的连锁店。这样的损失应该值得很多的老板们去深思。

阿里巴巴的创始人马云曾经说过:"阿里巴巴永远是客户第一,员工第二,股东第三。"其实,员工才是企业的第一客户,没有了员工,又怎么能让企业运营呢?所以,企业领导者要善待老员工,将老员工的利益放在心上,让老员工教授新员工经验,如此一来,企业才可能持续地发展。

企业的老员工当中,不乏经验丰富、德高望重的人,他们的存在,是企业一笔不可或缺的财富,如果能给他们真诚的关心,说不定还可以激发他们身上更多的潜能,让他们为企业奉献余热,继续贡献才智。

## 微笑管理是一种良好的激励方法

比起其他激励方法,微笑管理是一个不需要增加投入的管理,它不需要任何人力、物力、财力的投入,需要的只是领导者轻轻地运动面部肌肉而已。

虽然微笑不能代替有效的管理制度和方法,但微笑却有任何好制度、好方法都无法企及的大作用。微笑如同阳光一样,能够给你的员工带来温暖,使他们对你产生谦和、平易近人的良好印象;能够缩短你与员工间的距离,让你们在心理上产生共鸣,如此,激励的效果也就实现了。换位思考一下,假如让你作为员工,你是喜欢笑脸常开的领导,还是喜欢整天板着脸、面无表情的领导呢?

可以想象,如果企业领导者整天板着一副严肃、生硬的面孔,员工们整天战战兢兢地在紧张的心理状态下工作,哪里还能积极、主动地发挥自己的

## 第三章
### 带人要懂善待：让自己的真心换取队员的忠诚

本事，哪里还能保证做好工作？在这种情况下，无论企业的管理制度、管理方法怎么完美无缺，也都难以创造出一个令人满意的业绩来。

但若是企业领导者时刻都在用微笑面对每个员工，就会在企业内创造出一个和谐融洽的气氛，驱散上下级之间、同事之间可能存在的阴霾。员工心情舒畅，不仅每个人尽心尽力、积极主动地工作，而且还相互支持、相互帮助，形成一个所向披靡的高效团队。这样的团队，就算遇到的困难再大，也是能够轻易克服的。这也就直接构成了企业的核心竞争力，能够有效地保证企业持续稳定发展。

美国钢铁和国民蒸馏器公司的子公司RMI，坐落在俄亥俄州的奈尔斯。一段时间里，RMI公司的工作效率低，生产率和利润率也上不去。后来，一个名叫大吉姆·丹尼尔的人出任公司总经理，他认为，重视员工、开发员工的潜力是振兴公司的根本，并且最终扭转了公司的困境。

大吉姆·丹尼尔没有什么特殊的管理办法，他只是在工厂里到处贴上了如下标语："如果你看到一个人没有笑容，请把你的笑容分给他。"这些标语下面都签有名字："大吉姆。"大吉姆·丹尼尔所做的还不只是这些，他还让公司设计人员制作了一个特殊的厂徽：一张笑脸。并将这张笑脸绘在公司办公用品上、工厂大门上、厂内板牌上，甚至在员工的安全帽上，明确要求各级领导对员工们时刻保持微笑。于是，在RMI公司，人们常常可以看到大吉姆·丹尼尔满面春风地向人们征询意见，喊着员工的名字打招呼。即便是和工会主席列席会议的时候，大吉姆·丹尼尔也常常面带着笑容。

微笑不仅使RMI公司率先渡过了这个难关，不到三年的时间，RMI公司没有增加一分钱的投资，生产率却惊人地提高了近8%。而且，还带来了巨大的经济效益，资产总值达数十亿美元。后来，RMI公司的厂徽，也就是

"大吉姆"式的笑脸，被美国人称为"俄亥俄的笑容"。《华尔街日报》这样形容RMI公司，"它是纯威士忌酒——柔情的口号、感情的交流和充满微笑的混合物"。

看到了吗？这就是微笑的力量。既然如此，身为领导者的你为何不投大家之所好，充分利用微笑这一"武器"，帮助自己进行管理呢？

比起其他激励方法，微笑管理还是一个不需要增加投入的管理，它不需要任何人力、物力、财力的投入，需要的只是领导者轻轻地运动面部肌肉而已。也许，你会质疑，不就是对着人微笑吗？谁不会啊！其实不然。

微笑，不能理解成打哈哈的无原则的滥笑，也不能理解成笑里藏刀的笑面虎。无原则的打哈哈之笑，只会让你的员工觉得你毫无内涵，虚伪又做作，从而对你的印象大打折扣；笑面虎的笑是暗含恶意的笑，员工往往会认为这笑容下隐藏着不可告人的动机，是为了达到某种目的的虚伪之笑。

领导者所应推崇的微笑管理，应该是真挚的、发自内心的，是自己乐观心态的真实体现，是发自内心地尊重、信任和关怀员工，还应把真诚乐观的情绪传染给身边的每一位员工，让他们时刻保持着愉悦的心态，这样才能抓住他们的心，让他们充分发挥自己的才能，为企业谋得最大的利益。

不过，发自内心的灿烂微笑也是可以修炼而成的，只要你愿意随时都可以。比如，你可以穿一件自己喜欢的衣服，有意地自我打扮一番；多和自己说"今天我很开心""我的微笑很迷人"之类的话，不断对自己进行积极的自我暗示；想象一些比较开心的事情，让它们像一部电视片一样在脑海中对自己播放。

## 清楚地记住每一位队员的名字

清楚地记住每一位员工的名字,交谈中尽可能地用到对方的名字,进而使员工对自己有平易近人的感受,提高员工对组织的认同感,促使员工心情愉快地投入到工作中去。

每一个员工都希望领导重视自己,哪怕只是被领导记住名字,员工也会感受到一种精神激励。这并不难理解,名字是一个人区别于另一个人的标志,准确无误地记住一个人的名字,这含蓄地体现了你对他的尊重,并表达了你对他的注意,难怪戴尔·卡耐基说:"记住别人的姓名并轻易地呼出,你即对他有了巧妙而有效的恭维。"

因此,领导者应该注意到这一个激励方法,要清楚地记住每一位员工的名字,交谈中尽可能地用到对方的名字,进而使员工对自己有平易近人的感受,提高员工对组织的认同感,促使员工心情愉快地投入到工作中去。

相信许多人都有过这样的经历,刚介绍的人一转眼就忘了人家叫什么名字了,等下回再见面时又不好意思再问人家叫什么。相反,如果有人第二次见到你时就能亲切地叫着你的名字并向你问候,你会有什么感觉?一定会很高兴,觉得人家很重视你,你也自然就会对他产生好感。

明白了记住员工名字的重要性后,有些领导者还是不大注意记住员工的姓名,他们为自己找出了借口:平时的工作太忙了,实在没有这个时间和精力。

事实上，能不能记住员工的姓名，与忙不忙没有必然的联系，关键在于是否尊重自己的员工。

意大利人马洛卡是某跨国公司驻上海的总顾问。这一天，一年一度的公司年会在大厅里举行，处处张灯结彩，气氛隆重又热烈。上任不到半年的马洛卡在主席台上发完言后，举着盛满醇香红酒的玻璃杯，准备向在场的员工们敬酒。

大家看见总顾问驻足面前时，不约而同地都站立了起来，以示尊重。然而，这位年近五十的总顾问却用不太流利的汉语大声说道："尊敬的员工们，现在我提议，我站着大家坐着，当我叫谁的名字时，再起来接受我的敬酒吧。"

大家都眨巴着疑惑的眼睛，这个来自异国他乡的总顾问，此时难道真能叫出每一位中国员工的名字？要知道，今天的公司年会共设有50桌，每桌10人，也就是说，500名员工的尊姓大名都要被他一一地叫出来。大家恭敬不如从命，各自正襟危坐在椅子上，拭目以待着马洛卡叫出自己的名字。

只见举着酒杯的马洛卡，每走到一位员工面前，先是立刻非常准确地叫出这位员工的名字，接着再报出其工号，并会和这位员工轻轻地碰一下杯，道一声："辛苦了，公司不能没有您，谢谢您！"完毕了做一个"请坐"的绅士手势，然后再走至下一位员工。当他准确无误地叫出最后一位员工名字的时候，全体员工都不约而同地站了起来，使劲地鼓着掌，掌声经久不息。

会后有人这样问马洛卡："你的记性怎么会这么好？竟能记住全公司每一位员工的名字？而且是中文名字？"马洛卡微笑着回答："我是公司的总顾问，每天要到各个车间进行走动管理，我命令自己每天必须要记住三位员工的容貌和他们的名字及工号，很高兴我做到了，我想要的效果也达到了。"

## 第三章
### 带人要懂善待：让自己的真心换取队员的忠诚

作为一名普通员工，谁不想自己在上级心目中占有一席之地？让领导者感知到自己的工作价值就和自己的名字一样，是独一无二的，也是难以替代的，这样工作起来才会有股劲头。因此，作为领导者必须要求自己具备这样的记忆力，能牢牢地记住每一位员工的名字，随时随地地叫出每一位员工的名字。

这里，教给你几个记忆人名的基本方法：

1. 听清楚对方的名字

当第一次认识某一员工时，主动询问对方的名字，待对方介绍自己时要注意听并要确定清楚那名字的发音；例如：林和凌、李和吕、黄和王、陈和曾等，如果听不清楚，可以再问对方一次。例如：是双木林吗？是木子李吗？是耳东陈吗？介绍之后要立刻重复这个姓名，交谈中尽可能地用到这个姓名，以便在头脑中扎下根来。

2. 把名字变得幽默生动

如果某一员工的名字和某名人相似，便把那人和名人联系在一起，例如：柳得桦与刘德华、章雪佑和张学友；如果是没有特别意义的名字，可以用谐音代替原来的名字，如有一个新员工叫"郭嘉强"，你就可以马上记住这个员工的名字：哦，他是"国家强"；还可以建立有意义的联想，如一个员工的名字叫"华多娇"，倒过来念"浇朵花"，这样马上就把这个员工的名字记住了。

3. 利用名片和照片

你也许记性很好，在第一次见面后就记住了某一个员工的名字，但是别忘了立即强化记忆，要随时把这些人的姓名、职务等简要信息记录下来，根据对方容貌特征、着装特征等在脑海中短时间反复对照记忆，因为只有这样才能确定记住对方的名字。

无论你用什么方法去尝试记住员工们的名字，你所付出的努力都会令你记得更好。当你在公司内同员工们一起探讨工作，或者在公司外偶尔碰到他们时，第一时间喊出他们的名字，你就等着欣赏他们脸上惊喜的表情吧。

## 尽量让队员的工作、生活两不误

可以说，哪些企业重视员工的生活，哪些企业能让员工"工作生活两不误"，这些企业就是"未来之星"，就是员工们最向往的优秀雇主。

企业的战略目标是否能够实现，员工的努力是重要的一点，只有解决了员工的后顾之忧，使其全身心投入工作才能产生好的业绩，实现工作和生活的平衡对留住优秀人才也相当重要。

所谓"工作与生活的平衡"，主要是指员工如何进行工作和生活的时间分配问题，简单地说就是在做好工作的同时也要兼顾自己的生活。工作和生活两不误，领导者不能让员工因为工作失去个人生活、家庭生活和个人爱好。

"让员工工作和生活两不误"，惠普一直强调这样一个理念，他们并不赞赏那种工作狂，更不希望把自己的员工变成工作狂。在这种理念的指导下，惠普为员工们提供了一个非常灵活、非常自主的工作环境。

在惠普，无论工作再忙任务再重，领导都坚持不让员工们在周末加班，每天晚上七点就开始催员工下班，不要加班。他们的观点是，在休息时间因

## 第三章
### 带人要懂善待：让自己的真心换取队员的忠诚

工作打扰到员工的生活是极失礼的。而且，他们还致力于给员工最大的自由和空间，尽可能地照顾到员工的生活，比如，某个员工特别希望去看一场电影，而这场电影上演时正是上班时间，那么领导会允许这位员工离开。如果不让他去，那他坐在办公室会因为惦记这事而没有任何效率，让他去看了，他心情好了，再回来工作效率一定很高。

惠普是一家靠创新制胜的高科技公司，而创新需要宽松的环境、愉悦的身心，惠普希望自己的员工是一群热爱生活的人，认为这样更有利于创新。事实证明，惠普的做法是正确的。工作和生活不存在冲突，没有了后顾之忧，员工们工作起来充满激情，精益求精，努力把工作做到完美。而且，这种方式赢得了员工的大力支持，使得惠普的员工流动率仅为8%，惠普一度被评为"最佳雇主"。

一个不容忽视的事实是，员工工作是为了享受生活，而不是为了工作而工作，他们需要更多的休闲娱乐时间，他们需要过得轻松自由一些。通过一定的积极措施，让员工工作和生活两不误，让员工感受到企业对自己的关爱，让员工觉得自己活得很有尊严，这也是一种尊重员工、重视员工的表现。

可以说，哪些企业重视员工的生活，哪些企业能让员工"工作生活两不误"，这些企业就是"未来之星"，就是员工们最向往的优秀雇主，就是未来市场上最成功的企业。那些靠牺牲员工生活博取企业利益的企业终将被淘汰，因此领导者必须要行动起来，立刻，马上。

为此，你最好掌握以下几个要点：

1. 引导员工接受新观念

在企业内部可以举办一些讲座、沙龙等交流活动，循环渐进地启发、引导员工接受一些新的观点，如："工作和生活是一枚硬币的两面，互为补充,互为因果。事业有成,家庭和睦,才是完美";"工作和生活并不矛盾,工作是生活的一部分,要使生活与工作并行前进,才是真正的成功"……

**2. 培养员工的时效观念**

作为领导者,你要告诫和监督员工在工作过程中是否投入,随时提醒他们要心无旁骛、全神贯注地工作,以提高工作效率,尽量在工作时间内把所安排的工作做好,赢得足够的生活时间。同时,也要告诉员工,上班时专时专用,休息时只关注生活,该工作的时候好好工作,该休息的时候好好休息,如此工作起来就会高效很多。

**3. 提高员工的工作能力**

有些员工之所以在工作时间内做不完工作,之后不得不加班加点地工作,进而影响到了生活,很有可能是他们的工作能力不足,在工作上遇到了不能解决的困难和问题。因此,领导者要注重提高员工的工作技能和素质,使之工作起来更为得心应手,从而减少工作时间完不成工作的压力。

此外,企业可以创造家庭成员参观公司或相互联谊等机会,促使家庭成员和工作伙伴相互理解与认识,也能够促进工作和生活的平衡。比如,摩托罗拉公司在公司里定期举办"家庭日",让员工和家属们欢聚一堂,这不仅丰富了员工的生活,减轻了员工的工作压力,让员工能以更加健康的身心投入到工作中去,而且大大增强了员工的忠诚度、自豪感和企业的凝聚力。

总之,工作和生活就像人的左腿和右腿,是人生的两个基本支点。工作和生活的平衡已经成为企业管理学的主要内容。领导者只有帮助员工实现工作和生活的平衡,才能使他们两条腿协调迈步,陪着企业走得更稳更远。

# 第三章
带人要懂善待：让自己的真心换取队员的忠诚

## 提供给他们"合适"的工作环境

惠普公司的创始人比尔·休利特说过："所有员工都想把工作做好，如果提供给他们合适的工作环境，他们就会做好。"

从心理学上讲，当工作环境不能让个体的期望得到实现时，个体就会产生挫折感和失落感，同时自尊心受到伤害，并且会在情感上远离组织，导致职业倦怠，甚至辞职。生活中我们都会有这样的感受：身在干净整洁的房间里心情是愉悦的，但是身在杂乱无章的房间里却很容易暴躁、失落等。

关于优越的工作环境的重要性，可以听听员工们的真实看法："这会使我的身心愉悦，提高工作效率"、"我会有一种归属感，人在最放松的时候总是能够迸发出许多灵感"、"我们在这里工作，我们有权要求企业在环境上作出一定的改善，这体现了企业对员工个人权利的尊重"……

惠普公司的创始人比尔·休利特说过："所有员工都想把工作做好，如果提供给他们合适的工作环境，他们就会做好。"因此，如何重新塑造办公空间，留住老员工、吸引新人才，以形成稳固的员工梯队，成为企业迫在眉睫的问题。努力为员工创造优越环境，这比整天口头喊着"努力"来得自然，是一种水到渠成的过程。不过遗憾的是，许多领导者已经认识到了工作环境的重要性，但是对如何创造员工良好工作环境的量化标准却一无所知，下面我们就一起来看一下具体标准：

1. 温度

关于温度,人体的健康体温应该维持在37℃,些微的变化都会导致人体相当的不适。因此,环境温度太高或者太低都会影响员工的心情,进而增加工作负担。办公室内最佳的空气温度为18℃~21℃。

2. 相对湿度

室内湿度宜保持在40%~70%之间。高度潮湿会阻止汗的蒸发,人会变得乏力、昏昏沉沉,精力不集中,工作低效。低度潮湿会造成空气干燥,使得皮肤组织干化,引发喉咙痛和感冒,使员工缺勤率上升。要想员工高效工作,要想员工舒适工作,就应避免这过湿或过干的情况。

举一个例子,惠普办公室的温度和湿度是按照一流的标准来设计的。公司所在大厦的物业管理部门每天都要两次派人来测温度和湿度,办法是这样的:测量人员拿着一张办公室的平面图,选取20个点进行测试,然后把每个点的温度跟湿度记录下来,以保证办公室内每一个角落的温度和温度都符合人体健康标准。

3. 噪音

过多的噪音会给人以生理上、心理上的不良影响,使人心情烦躁,降低注意力等,因此领导者要将相关的工作做好:不用金属桶,而用塑料桶;经常维修设备;走路轻、说话轻、操作轻的"三轻"原则要确实落到实处;使用多孔硬木板、软木、墙纸、地毯。总之在正常情况下要将噪音保持在40分贝以下。

4. 光线

光线有自然和人造两种。在办公室内,只要可能就应该使用自然光,阳光可以使人心情愉悦放松,不要用窗帘、百叶窗、植物和家具遮挡太多窗户区域,采光越接近自然,越容易调动人体基因,使其调整成最佳状态。这里也有一个度的问题,采光以自然柔和的阳光为宜,光线太强则会让人不舒服。

5. 通风

封闭的写字楼里缺乏流动的新鲜空气，员工往往会头昏脑胀，很难发挥好的工作状态。因此，办公室还应尽可能创造条件保障适度的通风，可以用电子空气清新器帮助净化室内空气环境，也可以将窗户打开透气。

6. 绿化

现在越来越多的办公场所都会摆放一些绿色植物，绿色植物不仅能缓解人们工作中的紧张情绪，使心情放松，更能提升公司的职业形象，使办公环境更加美化、舒适、充满生机和自然的气息，凸显气派和高档次感。

当然，员工的工作场所有足够的空间吗？会不会像挤在一个"沙丁鱼罐头"中工作？桌子的尺寸是否合适，椅子坐着舒适吗？工作设备如何？员工拥有最大化成就所需的各种办公设备吗？……这些也都是领导者需要多费心思的地方，可以根据实际情况作出相应的调整，这里就不一一详述了。

总之，在同等条件下，工作环境的优良程度决定了工作的效率和员工的身心舒适度。员工每天在企业工作至少八个小时，改善员工的工作环境可以说是企业关心员工的十分实惠、贴心的举动，领导者一定要将这一工作落实到实处、落实到细节。

## 懂得从细微之处着眼，打动人心

领导者要温暖员工的心、拢住员工的心，进而稳住企业的根，就要从细微之处着眼，从点滴小事做起，办好员工关心的事情。

绫罗图案繁花似锦，是一针针织就的。同样，一些小事足可以折射出领导者品质的整体风貌，员工们会通过一些这样或那样的小事，来衡量你，评判你。高明的领导者，总是从点滴的小事做起，从细节入手，一点一点赢得人心。

许多事情看起来是员工的生活小事，但就是这些小事往往直接影响着员工的情绪。细小的问题得不到解决，员工就会心生怨气，久而久之积累得多了，就会形成对企业的不满甚至对立情绪，失去工作动力和劳动热情。

人们常说，员工的心是企业的根，是企业维持运行的最根本要素。领导者要温暖员工的心、拢住员工的心，进而稳住企业的根，就要从细微之处着眼，从点滴小事做起，办好员工关心的事情。一个小的细节能使员工感受到企业是重视他的，感受到你是关心他的，那么你的管理就成功了。

从小事和琐事做起，主动关心员工，一个关切的举动、几句动情的话语，看似再平常不过，却比高官厚禄的作用还要大上好多倍，会让员工在不经意间感受到你的关怀，你将会发现，你更容易获得员工的信赖和支持，与每一个员工建立起一种和谐融洽的关系，事半功倍。

以人为本、关爱员工，其实就是由一件件实实在在的事组成的。小事往往是成就大事的基石，这两者之间是相互联系，相互影响，相辅相成的。领导者要善于处理好这方面的关系，进而起到激励员工的作用。

关爱员工，不是恩赐，而是义务，善待员工，就是善待企业。关爱员工不是讲在嘴上，不是做做样子，而应该要真心实意，发自内心地去关心员工的切身利益，落实到员工最需要的地方，挠到他们的"痒处"才管用。

为此，领导者要随时关注员工的情绪变化和心理状态，从一些微妙的动作与表情中，捕捉到员工的心理需要。尽量满足员工的合理要求，如果满足不了也应该讲明原因,这样即便你没有做出什么实际的行为,员工也会感受到企业的关爱和温暖。

总之,无论是大企业还是小公司,你的企业运作不要是一个冰冷的制度框框,从关怀每一个员工做起,从每一个可以做好的细节做起,让你的员工充分体会到集体的温暖,也就激发了他们内心的认同感和参与感。

## 放下架子,选择平易近人的姿态

放下架子,做出平易近人的姿态,这就使得企业领导者会在员工面前树立起一种亲和力,手下的员工就更加心甘情愿地服从指挥。

对员工摆架子,对企业带来的负面影响有很多,比如,领导者的形象会在员工心中大打折扣,也会让企业上上下下不万众一心。如果企业领导者摆着架子,不肯放下,不仅不能留住员工的心,而且也会让员工无心工作。即使这样的领导者在其他方面的品质都十分优秀,但在员工面前却显得格格不入,没有支持者和追随者。

有一家大型企业的副董事长讲述了自己的一段经历。他说,在他年轻的时候,因为年轻气盛,处理事情的时候很是急躁冲动。在工作上,也总是急于求成,因此事情常常被弄得很糟。最后,他被总公司贬到分公司做经理去了。

到分公司上任的时候,因为不擅长喝酒和人际交往,所以在欢迎酒宴上,他被很多老员工认为很不近人情。这种错误认识让公司很多年轻的员工对他避之唯恐不及。到了分公司的最初一段时间,工作一直都没能开展起来。

这种情况大约持续了半年之久,转眼新年到了,分公司举行晚宴,每个人都要即兴表演一个小节目。轮到他的时候,他唱了一段家乡小曲,赢得了员工们的热烈掌声,这是连他自己都没能想到的事情。

在这之后,先前对他一见面就掉头闪人的员工,和他关系突然好了很多。这位年轻的经理经过认真的总结之后,从中汲取了不少教训。过了年后,他在分公司内专门组织了一个业余的家乡戏团,用来给员工们解闷之用。

从此以后,员工们对他的态度转变得更大了。员工们除了喜欢和他进行接触,而且还很喜欢跟他闲谈。他本人也从一个令人望而生畏的领导者变成了一个和蔼可亲的领导者。于是,在这个分公司当中,不管出现什么难解决的事情,只要他出面,就可以很快地获得解决。由于这个分公司的员工们能上上下下团结在一起,成绩突飞猛进,他本人也经常受到总公司领导的表扬。又过了几年,因为他的领导能力极强,他当上了总公司的副董事长。

其实,企业的领导者只需要让员工明白自己的心思,让他们明白领导者的做法都是事出有因的。如果领导者在员工面前表现出"我是你的领导,你就得听我的"那种架势,员工们就会疏远自己的领导,今后的工作就会很难继续下去,企业也将会遭受到更大的损失。

领导者和自己的员工之间一旦产生了很多难以逾越的鸿沟,上下级的合作就会更加困难。放下架子,做出平易近人的姿态,这就使得企业领导者会在员工面前树立起一种亲和力,手下的员工就更加心甘情愿地服从指挥。

总之,要想成为一个真正有经验、有修养的领导者,就要平易近人地和员工平等相处。只有这样的企业领导者才能赢得员工的真心拥护和爱戴,领导者只有这样才能真正收获员工的心。领导者要想做到这一点,就应该注意以下几个问题:

1. 与员工统一战线

在企业当中,常常会出现类似于"领导嘴大,我们嘴小"、"胳膊拧不过大腿"的怨言,这都是权力效应造成的消极情况,因为领导者往往觉得自己的权力大于员工,使得"真理面前人人平等"这句话成为一纸空文。真正有才能的企业领导者应该和员工站在同样的位子上,只有相互之间具有平等的人格关系,才能平等地进行商讨、争论。

2. 注意自己的生活习惯

相互平等,除了说话的内容外,还要通过语气、语调、动作、表情等方面体现出来。所以,不要忽视自己的生活习惯,实际上,这些都直接关系到下级能否和你接近。

3. 注重平等

领导者对人要随时随地地表现出随和、亲切的特点,不要随意地自抬身价,以示自己的权威,使得员工觉得自己总是高不可攀,这样一来,不但不能使人亲近,不能融洽员工关系,而且领导者也会因为生活的孤寂,没有半分生机。领导者和员工应该注重平等的原则,做到上下级之间人格平等。

领导者和员工之间的差别,只是工作的分工不同,没有人格上的高低贵贱之分。然而,"地位效应"在有些人心里还根深蒂固地存在着。在这些人心中,地位越高的人越尊贵,地位低下的人,就显得十分渺小。作为企业的领导者,应该时时刻刻都牢记,在人格上,所有的人都是平等的,这种平等不会因为人的地位而产生变化。

4. 尊重他人

人人都希望自己能够得到尊重，都希望获得平等的交流。在责备自己员工的时候，千万不要用到一些会伤害员工自尊心的词汇。一旦用上伤害员工自尊的词，心胸狭隘的员工可能会一辈子都记得自己这次受到的侮辱。同时，责备时间的长短也应该懂得控制，当员工知道错了，并且有了后悔的意思时，就不要再多责备了。

何为"亲民"？目的就是为了消除隔阂。能"亲民"的领导者，必定有过人之处，受到员工们的喜爱。所以，领导者必须学会放下架子，与员工平等相处。

## 避免权势压人，强行命令

动不动就以权势压人，强行命令自己的员工应该怎么做、不该怎么做，只会影响到员工的心理，即使员工能够按照领导者的意志去做事，心里面一定是千千万万个不服气。

在当今企业中，或许存在着职位高低之分，权力上也有些悬殊，但是这也只是一种责任上的悬殊，上下级的人格尊严是平等的，没有哪个员工喜好领导者用命令的口吻吩咐自己做事，这会导致员工心情压抑，办事效率不高。其实，好的领导者最有效的指令，是用建议的口吻下达命令。

作为企业的领导者，最重要的工作就是给自己的员工安排工作任务，如

# 第三章
## 带人要懂善待：让自己的真心换取队员的忠诚

何确保员工能够按照自己的命令，以最积极的心态去完成工作任务呢？问题的关键，是企业领导者下达命令的方式。

著名的成功学家安东尼·罗宾的公司中，有一位叫作乔吉·可辛的中层领导者，他曾经有一个很典型的用人例子。他在工作中，从来不会盲目地表扬或者贬低自己的员工，也不会动不动给员工一些"非常好"、"很不错"等口头评价。当自己手下员工确确实实做出了成绩的时候，他能够及时地将他们的工作业绩公布于众，让公司里每一个员工都能及时地知道他们的成绩，并以他们的成功为目标，让受表扬的人能够得到极大的满足感。同样，在员工犯错的时候，他绝不会因为员工有着极重要的社会地位和身份，就对他们的错误处处给予包庇，也不会处处用权力来压制他们，而是对对方晓之以理、动之以情，以柔和的管理方式和员工进行沟通。

乔吉·可辛还经常给自己的得力员工讲授安东尼·罗宾的故事，用以增加公司的凝聚力。在具体的工作中，他处处身体力行，积极地领导自己的工作团队，以个人的积极形象来提升企业的工作效率。

作为企业的领导者，应当以指导的方式去管理员工，这样的做法带来的效果无疑是有益的。如果他们做得不妥，就更加需要企业领导者能够就事论事、言传身教，做到点到为止，绝不能伤到属下的人格尊严。动不动就以权势压人，强行命令自己的员工应该怎么做、不该怎么做，只会影响到员工的心理，即使员工能够按照领导者的意志去做事，心里面一定是千千万万个不服气，弄得整个企业离心离德。

一位著名的管理学教授曾经说过："如果不了解自己的管理对象，你就不可能发挥领导者的作用。"这句话直接地告诉全世界的企业领导者，一定要站在员工的立场来考虑问题,一定要首先了解自己的员工在想什么,进而采取沟通、交流的方式去管理,绝不能盲目地用权势去打压自己的员工。

领导者应该将自己的管理核心定位在给员工参考性的意见,而不是用权势强迫员工接受自己的思维方式,同时应该允许员工提出自己的看法,懂得尊重员工的意见,并且允许员工犯错。中国著名的企业联想集团能够发展到今天的地步,离不开优秀人才的作用。那么联想是如何聚拢各方面人才于自己旗下的呢?答案就是:多一点儿言传身教,少一点儿权势压人。联想的领导者都懂得严于律己,懂得尊重每一位员工,不以权势欺压手下员工,使这些人才愿意留在联想,愿意为联想的发展奉献自己全部的力量。

不摆官架子、不靠权势来欺压手下员工,这话真正实行起来其实十分简单,只需要领导者给予员工充分的信任,不对员工指手画脚,也绝不干涉员工的行为方式。这样的管理,才能取得主动权,进而赢取人心。

## 在自己能力范围之内为队员排忧解难

领导者要给予员工无微不至的关怀,给予他们生活上的支持和帮助,在自己的能力范围之内替他们排忧解难,这样才能解决员工的后顾之忧,使之集中精力、全力以赴地投入到工作中去。

作为领导者,你总是要面对很多的员工,少则三五人、多则数百人。这些人虽然都是你的手下,但他们却也是一个个独立的人,他们也有自己的悲

## 第三章
### 带人要懂善待：让自己的真心换取队员的忠诚

欢离合、喜怒哀乐，他们也会遇到过不去的坎。

领导者要给予员工无微不至的关怀，给予他们生活上的支持和帮助，这就意味着领导者要关心员工的疾苦，在自己的能力范围之内替他们排忧解难，这样才能解决员工的后顾之忧，使之集中精力，全力以赴地投入到工作中去。危难时你向员工伸出一只手，会比在他成功时你伸出两只手拍出的掌声更让他感动。

无论在什么公司或企业里，只有全体员工同心协力，才能保证获得最终的成功。而这首先就要求领导者对员工们的心灵进行安抚，要多关心员工们的生活，对他们遇到的感情波折、事业挫折、病痛烦恼等做到及时的心理疏导，帮助他们建立起良好、正常、健康的人际关系，进而赢得员工对企业的忠诚，使整个企业结成一个团体。这样的领导者才是真正会抓住人心的领导者。

摩托罗拉公司的总裁保罗·高尔文很重视自己的员工，对他们以诚相待，真心关怀，一旦员工遇到什么难题时他都会第一时间伸出援助之手，他对员工的关怀，早已扩展到了雇佣关系之外。也正因为如此，才有许多人愿意一直追随他。

在听说员工的家人生病时，高尔文就会打电话询问："你真的能够解决吗？如果有问题的话，可以跟我说，我认识看这种病最好的医生。"有一次，有个在生产线上作业的年轻小伙子，他的父亲并不是摩托罗拉的员工，但是由于身患癌症，只能在家养病。高尔文了解到这个情况后，不仅给这名员工介绍了一个著名的医学专家，还叫员工回家照看他的父亲，而他的工资还是全部照发。此外，高尔文还曾为一位员工的子女交纳上大学的费用，为一个员工的妻子交纳分娩费……

高尔文的关怀不只是出现在员工遇到巨大困难时,在平日里,若是员工们遇到小麻烦,都能够得到高尔文的帮助。公司有位采购员,那年因为生意不景气便忍着牙病工作,高尔文在得知这个情况后,就劝他去看医生。采购员接受了手术,手术费却高达200美元,这在当时可是一笔相当大的金额,可是这位采购员从未见到过手术账单,他每次向高尔文询问时,得到的回答都是:"你不用管,有我在。"

与其他的传奇富商相比,高尔文似乎更关心员工们的疾苦。他在自述中曾说道,他曾强烈地意识到:必须用真诚的感情说服员工,使他们认识到"一个公司只有在员工参与后,才能发挥效能,否则,只能是一潭死水"。高尔文取得的成功,就是他关心员工疾苦的结果,没有在困难时代倒下去,并且帮助公司屹立至今的员工们,组成了这个集团忠诚的核心,同时也创造出了今天的辉煌。

如果你希望自己管理有方,就必须与员工建立良好的关系,而良好的关系又建立在互相关心、互相帮助的基础上。既善于利用员工的能力,又懂得关心员工的疾苦,替员工排忧解难,如此就激发了员工的工作积极性,你也就实现了管理有方。

为了确保效果,你应尽量做到以下几点:

1. 要摸清员工的基本情况

领导者要时常与员工谈心,关心他们的生活状况,对生活较为困难的员工个人和其家庭情况要心中有数,要随时了解员工的情况,弄清员工后顾之忧的核心所在,以便及时伸出援手、对症下药。

2. 在力所能及的范围内进行

领导者每天都有许多职内的责任,分担员工的困难要本着实际的原则,在力所能及的范围内进行,也就是要量力而行。千万不要开兑现不了的"空头支票",给予承诺却不予兑现的影响是糟糕的,因为它会向员工显示出你的无能,或者失信,没有人愿意跟随一个没有实力、不讲诚信的人。

总的来说,向员工伸出援助之手,实实在在地为他们排忧解难,需要把握好几个重要时机:员工家庭经济本来紧张,或收入突然减少,或一下子要支付一笔很大的开支而影响家庭经济平衡时,要帮助员工安排好其家属的生活,必要时要指派专人负责联系,不让员工牵挂;当员工生病时,要及时前往探望,要适当减轻其工作负荷,让员工能够及时得到治疗;当员工的家庭遭到不幸时,领导者还要代表组织予以救济,及时伸出援助之手,以减少员工因不幸造成的损失。

## 要懂得帮助队员渡过难关

人人都会有失意的时候,当员工遇到困难的时候,作为企业的领导者能够帮助员工渡过难关,会让员工更加忠于你;落井下石,只会让员工更加记恨你。

人生的道路起起伏伏,有欢笑,有泪水,有得意,有失意。但是这些都是人生的组成部分,因为有了它们的存在,生命才显得生动有趣。没有人会拍着胸脯勇敢地说,他的一生都是战无不胜、攻无不克的,只会有人说失败的次数小于成功的次数。人生如战场,有人成功,有人失败,作为企业的领导者，在遇到失意的员工时，不应该去打击他们，而是要向他们伸出援助之手。

作为企业的领导者，遇到失意的人必定不在少数，有些落泊寒酸的人，他们其实怀有大志向，但是时运不济，没有伯乐，最后穷困潦倒，自生自灭。在这个时候，最需要的就是有人能够伸出援助之手，给他们一次东山再起的机会。

这个世界上，人不可能永远一帆风顺，挫折、伤痛、懊恼、泪水，伴随着一个人的成长。如果失意了，有人会说"跌倒了，那就努力爬起来，鼓足勇气面对一切"。但是这话说起来很简单，真正做起来就不容易了。尤其是在周围的人冷嘲热讽的时候，谁能保证自己能够握紧拳头站起来呢？但是如果领导者在此时适当予以扶持，就能帮助员工站起来，可获取员工的忠心，这对企业领导者来说何乐而不为呢？

小林工作成绩突出，因而受到公司领导的重视，被派到一家分公司担任领导者。没想到，这家分公司内部分成诸多个派系，这些派系之间的内斗造成公司业绩直线下滑。小林刚刚上任，就被分到了某一派系当中。

这些派系当中的明争暗斗给公司的管理造成了很多的障碍，一些派系还用上一些攻击性的手段，一步步削弱小林的管理威望。当时，小林的对立派领导是生产部的马主管。马主管这个人做事十分认真，而且能吃苦耐劳，对公司绝对是忠心耿耿。但是马主管身上有一个很大的缺点，那就是喜欢拉帮结派，凡是自己看着不顺眼的人，马主管就用尽一切办法狠整那个人。所以，在这家分公司当中，上上下下都很怕他，所有的人都不敢得罪他。

有一次，马主管犯了很大的一个错误，公司大多数的领导都希望能够将他开除。而马主管也意识到自己所犯错误的严重性，已经做好了被开除的准备。小林觉得开除马主管是一件大事,就开会商议。可在会上,所有的部门主管都好像约定好了一样,众口一词,一致认定马主管应该被开除,他们甚至列出了一大堆马主管的"罪状"。对于同事们的检举,马主管没有任何的反驳。

最后,大家的目光都放到小林身上,看看他会说什么,小林说道:"我认为看一个人,不能光看表面,不能只看到缺点,大家也应该看到他身上所蕴藏的优点。为什么马主管身上的优点,大家都看不到呢?马主管身上那种对工作的干劲,恐怕在座的各位都做不到,他的这种对工作的负责精神,对一个团体来说,能起到很好的领头作用。仅凭这一点,我们就应该将马主管留下来。这样的职员是不好找的。这次错误并不是他主观上犯下的错误,而是无意犯的错。可能他这次的错误给公司带来了不小的损失。但是请大家相信我,给马主管一次机会,我相信在以后的工作中,马主管会更加认真努力地工作,将这次公司的损失弥补回来。"

小林这一番话让整个现场都变得鸦雀无声。马主管从没有想过,给他解围的是曾经自己容不下的小林,马主管顿时感动得热泪盈眶。在小林的坚持下,马主管最终留在了公司里。从那以后,分公司里拉帮结派的现象也逐渐消失了。

小林在最关键的时候帮了马主管一把,不仅为自己留下了不念旧恶的好名声,还让马主管对自己十分感激,以后对小林十分忠心,在日后的工作中,成为小林管理好公司的好帮手。

拿人的手短,吃人的嘴软,你在最关键的时候拉他一把,他会记得欠你的人情。所以,在员工失意的时候,千万别吝啬给予他们帮助。

人人都会有失意的时候,当员工遇到困难的时候,作为企业的领导者能够帮助员工渡过难关，会让员工更加忠于你；落井下石，只会让员工更加记恨你。

有时候，给失意的员工一些鼓励，虽然没有鲜花的艳丽，也没有太阳般的光华，但那一点点的鼓励却能像一滴滴雨露，滋润员工的心田。

# 第四章
# 带人要会沟通：让有效的沟通打造优秀和谐的团队

安东尼·罗宾曾说过："沟通是一门艺术。你不拥有这项基本技巧就不可能获得事业上的成功，这项基本技巧就是沟通能力。"

沟通是架设通往心灵的桥梁，企业领导者要想知道员工心中所想，最直接的方法就是主动和员工交流，知道他们的心思，如此才能更加有效率地完成工作。

# 第四章
带人要会沟通：让有效的沟通打造优秀和谐的团队

## 在管理中沟通千万不能忽视

有企业、有管理、有员工，就必然存在沟通，唯有沟通才能减少彼此之间的隔阂、淡化彼此之间的矛盾、消除彼此之间的误解、弱化彼此之间的冲突。

松下幸之助说："企业管理在过去是沟通，现在是沟通，未来还是沟通。"诚然，沟通让领导者与员工之间心无间隙，在工作中团结合作，成为最有活力的组织。人与人之间沟通的作用是显而易见的。沟通是一种交流，是一种表达，是一种相互倾诉，是一种相互交换意见的途径，从某种程度上讲也是在做思想工作，只要把思想工作做好了，那么其他的问题就可迎刃而解。

一家钢铁公司多年来工作效率低下，生产率也上不去。但自从新任经理到来后，情况就发生了变化。这位新领导者没有什么特殊的管理办法，不过他总是满面笑容，主动走入员工中，与他们谈心，主动喊员工的名字，主动和他们打招呼。

结果，半年的时间过去后，工厂在没有增加投资的情况下，生产率却有了大幅度的提高。

对于领导者来说，沟通首先是一种态度，唯有领导者重视沟通，才会想方设法找到与员工之间良好的沟通方式，真诚而体贴地去跟员工交流，了解他们的思想，形成发展的合力。

其次，对于领导者来说，沟通也是双向的。沟通不仅是自上而下的，同时也是自下而上的，只有秉持着双向沟通的原则，沟通才会真正顺畅，进而才能赢得较好的效果。

最后，企业领导者应该在企业中建立良好的沟通文化，重视沟通。如果一个企业的领导者忽视了管理中的沟通，那么，下层的员工之间也会消极地对待沟通，长此以往就会形成一种"消极怠慢"的企业文化，致使员工对什么都提不起兴趣，既不去找领导者沟通，也难以自我消除心中的不满情绪；而领导者自然也是如此，不会主动地发现问题和解决问题，这样的企业自然也就没有发展可言。

美国沃尔玛公司前总裁山姆·沃尔顿说过："如果你必须将沃尔玛的管理体制浓缩成一种思想，那就是沟通，因为它是我们成功的真正关键之一。我们以许多种方式进行沟通，从星期六早晨的会议到极其简单的电话交谈，乃至卫星系统。在这样一家大公司实现良好沟通的必要性，是无论如何强调也不过分的。"

沟通是管理的重要一环。项目计划的制定缺少不了沟通，项目计划的执行缺少不了沟通，员工的选用与任命同样缺少不了沟通。有企业、有管理、有员工，就必然存在沟通，唯有沟通才能减少彼此之间的隔阂、淡化彼此之间的矛盾、消除彼此之间的误解、弱化彼此之间的冲突，使团队和企业的发展展现出更加良好的一面。

由此来说，在一个企业中，沟通是管理中的重要方面。如果领导者能将沟通工作做好，将会在无形之中帮助你处理好员工之间的关系，轻松达成工

## 第四章
带人要会沟通：让有效的沟通打造优秀和谐的团队

作目标。相反，如果领导者没有做好沟通工作，则可能导致管理混乱、生产率低下、员工纷纷跳槽等。因此，对于当今的领导者来说，要重视沟通，让沟通辅助你的工作，让沟通为你营造快乐。

## 别让自己成为领导中的"沉默者"

有位知名企业家说了这样一句话，他说："再好的想法、再有创见的建议、再完善的计划，离开了与员工的沟通都是无法实现的。"

对企业的领导者来说，和员工相互沟通是非常重要的，因为，领导者要做出决策，就必须从员工那里了解到相关的信息，而沟通就成了最为重要的渠道。同时，在决策实施的阶段，领导者更需要和员工沟通，别让自己成为领导中的"沉默者"。

有位知名企业家说了这样一句话，他说："再好的想法、再有创见的建议、再完善的计划，离开了与员工的沟通都是无法实现的。"在现实当中，有很多的例子都说明，如果工作中出现矛盾和问题，大部分的原因是由于沟通不及时或者缺乏沟通和交流致使的。所以，企业领导者要想管理好人和事，就必须和员工们交流沟通。如果一个企业的上级和下级不能沟通好，很多有价值的信息都会被埋没，那么员工就很难把事情给做好。

沟通是为了能够达成共识，实现沟通的前提就是要与员工们面对现实，世界著名的零售企业沃尔玛决心要做的就是通过信息共享、责任分担实现良好的沟通交流。

沃尔玛企业的总部在美国的阿肯色州本顿维尔市，在公司内的行政管理人员，每个星期都要花费大部分的时间去世界各地的商店，通报公司所有的业务情况，让所有的员工共同掌握沃尔玛公司的业务指标。在任何一个沃尔玛商店内，都定时公布该店的利润、进货、销售和减价的情况，并且不止是向管理人员们公布，而是向每个员工公布。

沃尔玛公司的股东大会是全美国最大的股东大会，每一次都会让更多的商店总经理和员工们参加，让他们看到公司的全貌，了解真正的沃尔玛。每次股东大会结束，山姆·沃尔顿都会和妻子邀请员工们到自己的家中举办野餐会。在野餐会上，山姆·沃尔顿会和员工们聊天，讨论公司现在的发展状况以及未来的走向。为了保持行业信息的通畅，沃尔玛高层还特地注重收集员工的想法和意见，通常会带很多人去参加"沃尔玛公司联欢会"等。

山姆·沃尔顿认为，这么做就是让员工们了解公司的业务和发展的情况，共享公司信息，让员工们更好地完成自己的工作，同时也是和员工们交流和联络感情的核心。沃尔玛正是通过信息共享和分担责任完成了与员工沟通和交流的需求，达到了公司的目的。

安东尼·罗宾曾说过："沟通是一门艺术。你不拥有这项基本技巧就不可能获得事业上的成功，这项基本技巧就是沟通能力。"所以，别让自己成为一个沉默的领导者，应该与员工和各阶层人员相互沟通。

都说交流是通往心灵的桥梁，企业领导者要想知道员工心中所想，最直接的方法就是主动和员工交流，知道他们的心思，如此才能更加有效率的完成工作。

第四章
带人要会沟通：让有效的沟通打造优秀和谐的团队

## 用心倾听队员内心的声音

员工内心的声音可能是抱怨，可能是来自生活问题，可能是来自工作受挫，可能是对公司的不满，不管是什么声音，都是最真实的声音，也是最值得领导者尊重的声音。

对企业领导者来说，倾听是最有效、最直接了解员工内心想法的通道。有句话叫作"当局者迷，旁观者清"，很多时候，企业领导者被眼前的过眼云烟给迷住了双眼，做事的时候犯下迷糊，等到补救的时候不仅浪费了资源，也在员工心中失去威信。所以，企业领导者想要更好、更直接地管理企业，就得学会积极地去倾听，让员工打开话匣子。

领导者在倾听过程中会发现企业存在的弊端，能够及时地采取措施去解决，不至于造成不可挽回的结果。人们常说"三个臭皮匠赛过诸葛亮"，有时候多个员工的想法和意见，就胜过一个企业领导者。

当然，员工倾诉的话题有很多，有的是对企业制度的不满，有的是对同事的不满，但归根结底还是表现出了矛盾的缘由。很多时候，员工对领导者心怀不满，不是因为繁重的体力工作，而是觉得自己的意见不能得到重视。而领导者注意倾听员工的不满和意见，也可以帮助他们宣泄心中的不满。往往他们说出了心中的不愉快的时候，就会有如释重负的感觉，心里的压力也就轻了。

## 给你一个团队，你会怎么带

孙女士是一家公司的销售部经理，她的员工娜娜是一个性格活泼的女孩。同事们私底下都说，这个不知道忧愁为何物的女孩就是企业的开心果，因为她总是能够给大家带来欢乐。但是，孙女士近来发现，娜娜一反常态，每天到公司上班后，就闷闷不乐地坐到自己的座位上，谁也不愿意搭理。娜娜的情绪十分低落，同事们跟她开玩笑，她也是心不在焉的。

刚开始，孙女士并没有放在心上，以为一个女孩偶尔有点儿小情绪，过几天应该就会好了。可是几天过去了，娜娜的情绪非但没能好转，反而有一点儿恶化的情形，甚至因为发小脾气和客户大吵大闹了起来，被客户投诉到孙女士这里。

孙女士意识到，不能这么任由娜娜消沉下去，她决定要和娜娜好好地谈一谈。在孙女士的耐心劝导和安慰下，娜娜才坦白说自己在感情上遇到了挫折。上个星期，她刚刚和有了七年感情的男友分手了，这对娜娜来说是一次非常大的打击。这几天，她的情绪已经到了失控的地步。

在这倾诉的过程中，孙女士一直在静静地听着。听完之后，她什么都没有说，而是将娜娜拥入自己怀里，娜娜这段时间的委屈也在这一刻全都发作了出来，眼泪不由得流了下来。等她哭过了之后，娜娜告诉孙女士，自己心里舒服多了，孙女士就建议娜娜请几天假，出去散散心，好好地调整一下自己的情绪，以快些走出感情的低谷期。

娜娜按照孙女士的建议，终于坚强地走出这次阴影。对于孙女士的那次耐心倾听，娜娜更是十分感激，并在之后的工作中表现出极大的热情。

员工内心的声音可能是抱怨，可能是来自生活问题，可能是来自工作受挫，可能是对公司的不满，不管是什么声音，都是最真实的声音，也是最值得领导者尊重的声音。企业领导者应该对员工的不满采取措施，消除其内心

第四章
带人要会沟通：让有效的沟通打造优秀和谐的团队

的疙瘩，以便员工发挥正常实力，为企业作出奉献。孙女士在处理娜娜的问题上就运用到了倾听的方式。孙女士放下了自己的"官架子"，通过倾听的方式了解了员工内心的真实思想、感情，然后采取合适的解决方式给员工一个自我宣泄和调整心态的机会，如此既帮助娜娜走出了感情的低谷期，又赢得了娜娜的尊重，让她更加努力地为自己工作。

对于一个企业领导者来说，跟员工进行有效的沟通，并不意味着要对员工说多少真心话。领导者要想成为一个善于倾听员工心里话的好领导，就应该认真仔细地和员工谈话，并及时地作出反馈，只有通过倾听员工的心声，从而了解员工的心思，才能让自己的管理工作避免盲目性。

谁都有心里不痛快的时候，当心中生有郁结时，谁都希望能有一个倾听者，来倾听、安慰自己，这个时候，企业的领导者应该果断承担倾听者的角色，让员工心生感激，进而让员工将领导者当作知己来看，这样一来，员工会以出色的工作业绩来回报领导者的倾听和安慰。

## 说话的魅力在于是否发自你的内心

真诚的语言无论对说者还是听者都十分重要。说话的魅力不在于语言表达得有多么流畅，而在于所表达出来的是否发自你的内心、是否是真诚的。

国内一位著名主持人在谈到采访经验时说道："问话不仅要使人'懂'，还要使人'动'，使人心动，与你产生共鸣。"双方坦诚相见，抱着互利平等的心态，不要有居高临下的态势，不要给对方设置障碍、罗列难题，这样便能够获得对方的信任，使得大家能够在祥和的气氛下交流，一起探讨切磋。

真诚的语言无论对说者还是听者都十分重要。说话的魅力不在于语言表达得有多么流畅，而在于所表达出来的是否发自你的内心、是否是真诚的。古人云："功成理定何神速，速在推心置人腹。"说的也是这个道理。

在如今的社会中，竞争的压力让人情变得越来越冷漠，迫使人们戴上虚伪的面纱，这种生活是痛苦的，对生命而言也是一种摧残。所以，整个社会都在呼唤真诚，呼唤人与人之间真诚的协作，在工作中真诚的切磋。

说话是一个信息传递的过程。正因为此，提高语言的表达能力，把话说好、说明白，不仅仅在于说话者能否准确、流畅地表达自己的思想，还在于所表达的内容能否让对方感受到你的真诚，能否让听众产生共鸣。换句话说，把话说好，关键在于能够打动别人。因此，只有让自己的语言摆在真诚的台面上，袒露你的心灵，汇聚你的真诚，让语言融入情感，你说的话才能说服听众。

人与人之间，无论是什么关系，相互之间都应真诚相待。

那么，我们该如何获取别人对我们的真诚呢？答案就是：用真诚换取真诚。鲁迅曾经说过这样一句话，很深刻，也很给力："只有真的声音，才能感动中国人和世界人；必须有真的声音，才能同世界人同在世界上生活。"

作为一名领导者，更应该知晓真诚的分量，因为真诚是领导力的源泉。那么，身为领导者要怎么做才算得上是真诚呢？下面有几点建议可供参考：

1. 用真诚去称赞别人

人是情感丰富的高级动物，情感又是人重要的组成部分，它是人对其他人是否符合自己标准的测量尺，这种内心的感受需要外界的物质刺激。有研究表明，包含情感的语言是唤起对方情感共鸣的有力武器。运用真情的语言，能够使双方关系融洽，形成一个良好的交际氛围；可以迅速地强化对方的感性认识，能够有效地推动人们某种行动的实施，这就是真诚赞美的作用。托尔斯泰说："真诚的称赞不但对人的感情，而且对人的理智也起着巨大作用。"

2. 做一个承担责任的领导者

在企业内部，上下级的关系不仅需要真诚作为支撑，还需要更深一层的关系来支撑，就是付出与回报应该成正比。当员工为工作的艰辛付出了大量的心血和精力时，领导者应该给予相应的鼓励与回报。当员工发现自己的付出与收获的利益成正比时，必定会加足干劲，也会增加对企业的忠诚度；如果付出了大量的心血却得不到领导者的认可，必然会心生不满，从而会降低工作的积极性，甚至会感到没有目标和希望。所以，领导者要想收服员工的心，不仅要保持真诚待人的态度，还应该学会适时地付出。

3. 要有实际的行动

有一句话需要领导者铭记在心："说一百遍不如行动一次。"如果领导者一直在口头上说："员工悲伤我也难过"、"我真的很珍惜你这个人才"、"我时刻准备为大家牺牲"，这些词句虽然华丽，但仅仅停留在嘴上是那么的空泛，会让员工感到领导者很虚伪，所以，与其说这些华丽的词句，不如实际行动起来，让员工看到你的行动。

## 不要让自己和队员之间存在沟通障碍

相互沟通，带来了领导者和员工之间的相互了解，同时也带来了相互之间的合作。所以，沟通是一个目标明确、增强团队凝聚力的过程。

在企业的管理方式上，美国惠普公司采用的是"走动式方式"。这种管理方式是一种不拘泥于形式的管理，很有企业特色。

在惠普公司，办公室的布局十分特殊，全体人员都在一间宽敞的办公室当中，各级部门当中用矮屏分隔，这是其管理模式上的最大特征。这种管理模式可以让企业领导者在自己公司部门当中随意地走动，或者总是能够出现在员工的视野当中，使员工和员工之间保持着亲密的合作关系。

这种宽敞式的办公方式可以让整个惠普公司的领导者及时了解每个员工的问题和看法，让员工感受到家庭的温暖，以此加强彼此间的信任和相互尊重。

在和员工的沟通当中，领导者千万不要人为地在自己和员工之间设置各种屏障、分隔。惠普公司那间敞开的办公室就创造出员工之间人人平等的气氛，同时也打开了领导者和员工之间进行沟通的大门，领导者也以此作为了解自己员工的方式。

相互沟通，带来了领导者和员工之间的相互了解，同时也带来了相互之间的合作。所以，沟通是一个目标明确、增强团队凝聚力的过程。另外，良好、有效的沟通，是领导者对员工关怀的体现，也是尊重人的直接表现方式。

小丫今年20岁，是一个文静乖巧的女孩，平时说话走路的声音都很轻。小丫本来是在企业做策划的，但是却被部门经理调去做销售。

小丫到了销售部后，一个星期下来，没有卖出一样东西。对此，部门经理很是生气，觉得小丫就是一个废物，对企业没有一点儿的帮助。于是不由分说，就把小丫无情地辞退了。

## 第四章
### 带人要会沟通：让有效的沟通打造优秀和谐的团队

过了两年之后，商场上出现了一个做策划的女强人，部门经理听说后，想出重金聘请。好不容易见到女强人后，才发现原来是自己曾经辞退的小丫。一个连销售都不会的小女孩，怎么会在两年之内跃升为女强人呢？

原来，小丫不是不会销售，而是很害羞，每每有顾客来的时候，她说话都极其小声，细声细语地让顾客很不习惯，所以没有卖出一件商品。小丫的这种性格只适合在企业背后指导、出谋划策，为企业想出优秀的方案。部门经理很是后悔，于是问小丫当初为什么不对他说留下来，小丫却说道："我需要的是一个平等的沟通氛围。"

从上面的例子中，我们了解到，整个过程中，全部都是由部门经理占据了主导地位，小丫没有一点儿发言的余地。部门经理不给小丫说话的机会，又怎么能了解到小丫的真实想法呢？

如果在一个企业当中没有和谐的沟通氛围，一些基本决策是不能很好地传达下去的，同时下面的情况也就不能如实地向上层传递，企业内部的各个部门就会发生冲突，进而导致工作效率的降低。

中国有句古话，叫作"相由心生"，说的是一个人要是拥有一颗正直、真诚的心，是可以从他的相貌、声音、说话语气等外在表现展露出来的，这样的人无形中让人觉得容易接受，沟通起来就更加顺畅。在和员工交流的时候，企业领导者要注重诚恳的态度。"种瓜得瓜，种豆得豆"，你用什么样的态度待人，别人也就会用同样的态度待你。

要想建立一个具有合作精神的团队，首先就要建立一个平等、和谐的环境。要想在员工之中形成一种平等、和谐的沟通氛围，企业的领导者就不要常常将自己摆得高高在上。平等的氛围能激发员工的活力，可以让员工知道自己的贡献已经得到上级的重视和认可，才能更好地承担更多的责任。

给你一个团队，你会怎么带

## 要训练自己优美而精炼的谈吐

作为领导者必须要经常训练自己优美而文雅、简短而精练的谈吐。如果你难以说出优美而精练的语言，这是很不幸的，因为这样的领导者常常因说错话而后悔、自责。

托尔斯泰说过："人的智慧越是深奥，其表达想法的语言就越简单。"所以说，真正打动人心的语言不是长篇大论，而是简单而有力度的语言。

第二次世界大战期间，希特勒强势进攻，而英国作战失利，节节败退，导致军心动摇，士兵的士气低沉。当时的英国首相丘吉尔认为应当做一场鼓舞士兵士气的演讲，拯救自己的国家。

当天，丘吉尔拄着拐杖，慢步走向讲台，然后用眼睛横扫了一下整个军营，语气坚定地说："永不放弃！"

接着他又扫视了整个军营，继续坚定地说："永不放弃！"整个军营安静极了，大家都用崇敬的目光看着自己国家的首相。

然后他又扫视了一次整个军营，大声地说："永不放弃，永不放弃，永不放弃！"全体士兵此刻无比兴奋，军营中响起了热烈的欢呼声。

此后英国击败了德国的进攻。

# 第四章
带人要会沟通：让有效的沟通打造优秀和谐的团队

这就是被后人称颂的英国首相丘吉尔的著名演讲，同时也是世界上最精短的演讲。

史书中记载，子禽问自己的老师墨子："老师，一个人话说多了有没有好处呢？"墨子回答说："话说多了有什么好处呢？就像池塘里的青蛙整天呱呱叫，却从来没有人注意它。但是，公鸡在天亮时仅仅叫几声，而大家就知道天就要亮了，该起床了，所以话不要多说，而要说在有用的地方。"

看到这里，你的感想如何呢？在这个效率至上的时代，不要总是用一些长篇大论来耗费彼此的时间，折磨别人的耳朵了，尤其是公司的领导者，如果你能简短而有重点地表达自己的思想，员工会更愿意倾听，否则你说起话来滔滔不绝、引经据典，明明十分钟能说完的话，而你却啰啰唆唆地说了四十分钟，甚至一个小时，也许你还意犹未尽，但员工已经厌烦至极了，甚至背地里还会说"就那么点儿事，几分钟就能说完，非啰啰唆唆磨叽这么久，真是浪费我们的时间"。

因此，作为领导者必须要经常训练自己优美而文雅、简短而精练的谈吐。如果你难以说出优美而精练的语言，这是很不幸的，因为这样的领导常常因说错话而后悔、自责。所以，作为领导者，在说话之前一定要先在头脑中过滤一遍自己将要阐述的内容，既要说得好又要说得少，这其中的艺术是不能不讲究的。开会或者聚会的时候，领导者要少说话，让员工多发表一些自己的意见和看法，若是到了必须说的时候，那么你必须要注意自己所说的内容、措辞、声音。无论是与员工探讨工作，或者与合作者洽谈生意、交际应酬，你说出的话一定要最大限度地达到"不鸣则已，一鸣惊人"的效果。也许有些领导者难以达到这个境界，但要有朝着这个目标努力的意识。

作为领导者,你希望自己的话能引起员工的重视吗?你希望自己说的话能够在合作者中引发深思吗?如果答案是肯定的,那唯一的秘诀是少说话,让他人可以静静地思索,让自己的话更为精彩,这是一种领导者的讲话艺术。这样的领导者,因为他们虚心,所以为员工所喜欢;因为他们善于思考,所以会成为受人敬仰的人。

## 处于尴尬或对方故意刁难时要从容应对

当棘手的话题落到你的身上时,一定要保持平稳的心态,不能怒目而视、破口大骂,要知道这有失你领导者的身份。

俗话说,"一句话能使人跳,一句话也能使人笑"。说话也是一门富有学问的艺术。尤其是当我们处于尴尬境地或者对方故意刁难的时候,不要对此置之不理,这样会有损自己的尊严;也不要和对方斤斤计较,这样会给人留下没有风度的印象;更不要自乱方寸,这样会有损自己的形象。要聪明而灵活地迅速找出回击的语言,得体而又不失面子地回击对方,化尴尬为潇洒,化被动为主动,如此一来,不但可以不激化矛盾,而且尴尬也会轻松化解掉,让我们在人际交往中从容胜出。

在一个企业领导者聚集的舞会上,一位身高有些矮的企业领导者邀请一位身材高挑的女士跳舞。

## 第四章
### 带人要会沟通：让有效的沟通打造优秀和谐的团队

那位女士上下打量了他一番，非常没有礼貌地说道："您的身高还没有我高呢，我从不与比我矮的男人跳舞。"

这样的话，显然让人有些难为情。但是，男领导者听后却没有生气，更没有指责那位女士，而是微微地一笑，说道："我真是武大郎开店——找错了帮手。"

那位女士听后脸红了，很不自在地起身走开了。

故事中的那位男领导者巧妙地运用了自嘲的方式，保全了自己的面子，摆脱了窘境，并且很有礼貌地把尴尬还给了那个出言不逊的女士。这不失为一种为自己化解尴尬氛围的好方法。这种方法没有伤害性，很安全，既能活跃谈话气氛，消除刚刚出现的难为情的场面，又能自找台阶，保住自己的面子；既彰显了自己富有人情味的一面，又能含沙射影，刺一刺那些自以为是的无礼之人。

世事纷乱，人心复杂，生活中，我们难免会遇到一些让自己下不了台的事，尤其是在企业中更是如此，也许有的人对你的职位虎视眈眈；也许有的人想故意刁难你，让你出丑；也许有的人性格比较自负，自恃甚高……所以，领导者遇到下不了台的情况很多。正因如此，急中生智，应急的口才自然也就成了领导者必须掌握的一门说话艺术。

急中生智的语言虽然有些时候会把自身的缺点暴露出来，比如上面故事中的那位男领导者，但大家并不会因为其缺点而小看他，虽然他一时陷入了尴尬之中，但正是因为他急中生智，从容反击而又丝毫不失风度，反而可以巧妙地挽回面子。

这种应急的口才虽然看似是对自己的贬低或嘲笑，但是，深入其本质，大家会发现，这是一种"醉翁之意不在酒"的说话艺术，言在此而意在彼。借此维护了自己的尊严，并且恰当地把尴尬丢给了"始作俑者"，何乐而不为呢？

总之，当棘手的话题落到你的身上时，一定要保持一个平稳的心态，不能怒目而视、破口大骂，要知道这会有失你领导者的身份。要发挥自己的能力，灵活机智，在宽松和谐的交谈气氛中减轻对方的妒意、敌意，获得好名声，这不失为一种良好的修养，一种彰显魅力的交际方略，可以让员工们感受到你富有人情味的一面，帮助你建立起新的、光辉伟岸的领导形象。

## 懂得发挥幽默的力量，缓解紧张气氛

在企业中，无论你是中层领导者还是首席执行官，只要懂得发挥幽默的力量，借助它来活跃一下紧张气氛，都将会让你获益匪浅，使你更加受员工欢迎。

幽默反映了一个人对待生活的态度，也彰显了一个人的自信。只有对自己的未来充满自信和希望的人，他们的内心才会积存幽默的因子，他们才会发现生活中不经意间的小幽默，用幽默来填平生活留下的沟沟坎坎。而对那些每天眉头紧锁的人来说，他们总是生活在痛苦和绝望之中，快乐对他们来说只不过是来去匆匆的过客。这样的人，他们的谈吐又怎会彰显出幽默的味道呢？

幽默并不是某一个人的专利品，它是每个人都可以掌握的一种语言艺术。中国著名文学家林语堂曾说："幽默是由一个人旷达的心性中自然而然地流

# 第四章
## 带人要会沟通：让有效的沟通打造优秀和谐的团队

露出来的，其语言中丝毫没有酸腐偏激的意味；而油腔滑调和矫揉造作虽能令人一笑，但那只是肤浅的滑稽笑话而已。只有那些坦坦荡荡、朴实自然、合乎人情、合乎人性、机智通达的语言，才会虽无意幽默，却能幽默自现。"

在企业中，无论你是中层领导者还是首席执行官，只要懂得发挥幽默的力量，借助它来活跃一下紧张气氛，都将会让你获益匪浅，使你更加受员工欢迎。

在企业中，一些意想不到的事情经常会发生，有的是因为自己失言失态，有的是因为某些事情超出自己的预想，等等。总之，一旦发生了让人猝不及防的情境，往往会使人狼狈不堪。但如果在这个时候，你能适时地幽默一下，那么，窘境就很容易摆脱了。

有一次，一个公司举行年度庆功会，一个员工由于刚刚进入公司不久，第一次参加这样大型的会议，心里有些紧张，在与领导碰杯时，由于过于紧张，结果用力过猛，竟将一杯酒泼到了领导的鞋上，新员工马上不好意思地道歉。

领导却用纸巾擦干净了鞋上的酒，笑着说："小伙子，你以为用酒就能将我的鞋擦得更亮一些吗？我可没听说过这个好方法呀！"在场的人都笑了，也给新员工解了围。

恩格斯说："幽默是一种集智慧、修养和品德于一身的方式。"的确，幽默是一种彰显说话者的风度、素养和魅力的举动，能在轻松活泼的氛围中巧妙化解尴尬，同时幽默也是一种深奥的说话艺术，不仅能带给身边的人快乐，而且也可以增添一个人的语言魅力，为谈话锦上添花。

幽默可以传达人与人之间真诚的友谊，是沟通心灵的桥梁，能拉近彼此之间的距离，抚平人内心的创伤，是与他人建立良好友谊的重要工具。尤其当领导者要传达内心不满的情绪时，幽默的语言会让他人听起来顺耳很多。当领导者想要把员工或者同级别同事的态度由否定转变到肯定时，幽默也是一种非常具有说服力的语言方式。当同事之间发生冲突的时候，幽默会让彼此之间紧张的关系得到化解，而且还能让领导者的人格魅力提升很多。

在与员工的交往中，适当地开个幽默小玩笑，可以缓解气氛、松弛神经，营造出一个轻松愉快的工作氛围，因而具有幽默感的领导者往往更能在员工面前树立一个美好的形象，受到员工们的欢迎。

其实世界处处充满幽默，关键是你要睁大眼睛去发现，竖起耳朵去倾听。

幽默来源于两方面，一方面是你的内心，另一方面是生活中的客观世界。如果你能用智慧把两个方面融合起来，并运用适当的技巧和创造性的新意去开发你的幽默基因，你很快会意识到自己竟然已经置身于一种趣味洋溢的生活中了，而成功领导者的形象也就离你不远了。

## 有时要用委婉含蓄代替直话直说

为了防止不愉快的事情发生，说话还是要注意一点儿分寸，讲究一点儿技巧，可以说一些与事情相关的故事，委婉含蓄地代替直话直说。

在人际交往中，想说什么就说什么固然不能说是一种不好的习惯，但是，在我们的身边有时难免会遇到不便直说、不能直说的事情。在面对这种事情

## 第四章
### 带人要会沟通：让有效的沟通打造优秀和谐的团队

的时候，如果直话直说，可能会不利于你与他人的友好关系，不仅会给自己带来不必要的麻烦，而且还容易伤害到对方。

为了防止不愉快的事情发生，说话还是要注意一点儿分寸，讲究一点儿技巧，可以说一些与事情相关的故事，委婉含蓄地代替直话直说。因为委婉含蓄的语言更容易被别人接受，更能表现出对别人的尊敬，达到有效交流、沟通思想的目的。

含蓄，是一种巧妙的语言表达方式，也是一种充满艺术性的说话技巧。在与他人交流的过程中，当你十分想表达自己内心的愿望却又难以开口之时，不妨使用含蓄的表达方法。它有时要比滔滔不绝更能让你达到目的，收到满意的效果。

含蓄是一种美德，无论是在我们生活中的某个方面，抑或是在彼此的交谈中，含蓄都是一种彰显美与德的艺术。从某些方面来说，缺少了含蓄，也就缺少了美，更难以滋养出艺术之花。炽热的阳光照耀在金色的海滩上，这是一种裸露而率直的美，但是，烟雨弥漫却是一种含蓄的美。

通常情况下，含蓄能帮助我们解除尴尬。巧妙地说出含蓄的语言，乍听起来似乎如蜻蜓点水，但却从另一个层面指出了问题的关键点。丘吉尔说过的一句话最让人难忘："英国在许多战役中都是注定要被打败的，除了最后一仗。"这句含蓄的语言既表明了英国的力量，也彰显了含蓄的美德。

一天，查尔斯·斯科尔特发现几个工人正在他所管理的美国钢铁公司的一家钢铁厂中肆无忌惮地抽烟，但在他们的头上正好悬挂着一块"禁止吸烟"的牌子。

如果将斯科尔特换成你，你会采取怎样的做法呢？是走上前去，指着他们头上的那块大牌子说："你们没看到牌子上的字吗？"还是走过去狠狠地责骂他们呢？也许很多领导者在看到这一幕的时候都会采取上面两种做法。但是，斯科尔特却没有这样做。

他走到那几位员工跟前，给他们每人递上一根雪茄，然后说："各位，如果你们可以到外面去抽这根雪茄，我将不胜感激。"

几位工人马上认识到了自己的错误，同时，他们也更加敬重斯科尔特了。

作为领导者，当面说出员工的错误，只会让对方继续这种劣行，而含蓄地说出自己心中的想法，则更容易达到好的效果。比如，一位母亲为了让自己孩子的英语成绩得到提高，于是说道："宝贝，你真棒，这次你的各科成绩进步了很多，但是，如果你的英语成绩再高一点儿的话，就更好了。"

在管理和规范员工的行为时，领导者只有学会运用含蓄的表达方式，才能让员工赢得体面，这也是对他人的一种尊重。点破不说破，点到为止，最为巧妙，既能留下彼此回旋的余地，同时也会引发对方的深思。

培根说："交谈时的含蓄和得体比口若悬河更可贵。"诚然，含蓄是一种非常有韵味的语言风格，既能达到"曲径通幽"的玄妙，又能让人领略到"柳暗花明又一村"的美好结果，称得上是一种奇妙的表达效果。

**对员工的抱怨，要拿出应有的耐心**

一般来说，员工不会因为心存抱怨提出辞职，但是他们会在抱怨而无人听取的情况下选择辞职，所以，领导者一定要认真倾听，拿出应有的耐心。

## 第四章
### 带人要会沟通：让有效的沟通打造优秀和谐的团队

领导者在工作中或多或少地都会面对员工们的牢骚、怨气。面对无道理的牢骚，领导者可以一笑置之，但是如果员工的牢骚有一定道理的话，那么就要引起重视了。企业领导者面对员工的牢骚，千万不能把它当作一桩小事情，不能把抱怨全都当作员工幼稚和愚蠢的表现。一般来说，员工不会因为心存抱怨提出辞职，但是他们会在抱怨而无人听取的情况下选择辞职，所以，领导者一定要认真倾听，拿出应有的耐心。那么，作为企业的领导者，需要如何处理员工的抱怨呢？

1. 想要处理好抱怨，先接受抱怨者的心态

很多企业都希望员工少拿点儿钱，多做点儿活，领导希望员工永远言听计从，但是员工希望自己的领导少管自己一点儿。所以，作为企业的领导者，首先就得接受抱怨者的心态，稳住员工，让其努力为企业工作。

2. 全面了解抱怨的原因

在企业当中，产生抱怨的因素有很多。比如，员工喜欢抱怨领导为什么总是分配给自己难的任务；喜欢抱怨工资少，等等。那么，企业领导者就得将内心的想法告诉员工。比如分配难的任务其实是想锻炼员工，让员工从中汲取经验，学习更多的东西；而给予的工资少，是企业财务状况有问题，必须要有足够的资金保证企业能够运营，等等。

所以，当听到员工们抱怨的时候，企业领导者就要了解客观的原因，进行多层的分析，最后采取措施，让员工了解原因。

3. 抱怨的原因需要区分开来

员工抱怨的原因有两种，一种是常规性的抱怨，比如工资低、工作辛苦等，这一类抱怨并不激烈，只需要沟通就能缓解，同时这类抱怨是无法消除的。第二种是突发性抱怨，这是企业领导者必须注重的问题，这种抱怨来自

企业制度变化和临时性事件，所以必须及时果断的处理。

4. 用平和的心态去化解抱怨

对企业领导者来说，其态度对员工影响甚大，面对抱怨的员工，就得去沟通，用平和的心态去处理问题。人与人之间是相互尊重的，这也是当代很多企业都运用人性化管理的原因。通过交流，领导者了解到员工抱怨的原因，才能准确做出解决方案。

作为企业的领导者，一定要有耐心，培养耐心是每个领导者的必修课程。耐心能够使领导者和员工之间的关系更加和谐，耐心能够使人与人相处融洽。拿出自己的耐心，就相当于拿出了自己的真心，只要员工有感知，就一定会了解领导者的良苦用心。

## 领导者要注意自己的说话细节和方式

领导者要时时反思自己的举止言行，虽然只是一些细节，但千里之堤溃于蚁穴的道理也是需要牢记的。

生活中，在你与他人交谈的时候，应当注意说话的细节，不能认为大家都是熟悉的朋友了，就信口开河、随便乱说，或者当着这个朋友议论那个朋友的是是非非，评论他人、无事生非，这些都是忽略细节的表现，很多人正是因为这样而失去了很多的朋友。

所以，在与他人交往的过程中，说话之前都要考虑一下你要说的话是否

## 第四章
### 带人要会沟通：让有效的沟通打造优秀和谐的团队

合适，不要不经过大脑，想说什么就说什么。生活经验告诉我们：一定要管好自己的嘴巴，切忌放任不羁、忽略细节，否则就会祸从口出。

有人说"君子行大礼而不拘小节"，所以，很多领导者认为在工作中只要大方向把握好，即使有点小错误，也完全不必放在心上。然而，正是这些常常被人忽视的细节，让很多领导者在员工面前难以开展工作，更难以得到员工的认可，最终停止了自己的领导脚步。

虽然，在当今的社会中，有些人认为放任不羁不是缺点，而是一种个性展现。然而，正是这种认识上的错误，使很多人在人生中常常碰壁而不自知。

星期六，公司聚餐，一位叫陈风的员工家里有事，恰巧没有参加。吃饭期间，一位同事说："陈风今天没来，真是太可惜了，这么多的美味，他是享受不到了。"另一位同事开玩笑似地说："陈风是好男人，好不容易休息一下，人家当然回家陪老婆了。"

部门的主管听到这句话后说："什么老婆老婆的，他还没结婚呢。"同事们都很好奇，说："可是，陈风说他已经有老婆了。"

部门主管说："他从年前的时候就吵嚷着过年回家结婚，结果回来之后就没动静了，这显然是没结成嘛。估计是女方家父母没同意，你看陈风长得也有点儿太对不起观众了。"

部门主管此话一出，刚刚热闹的吃饭场面顿时冷清下来了，大家纷纷吃完饭就离开了。部门主管从卫生间走出来的时候，忽然听到两个员工说："还领导呢，怎么能这么说话？在背后揭员工的老底。"

此后，只要有部门主管在的时候，大家说话都很小心，生怕哪天也被他揭了老底。

在与他人交往的过程中，一个人的言行举止常常是其内心世界的反映，因此，领导者对于个人的言行举止必须十分注意，因为这些言行举止可能会影响你在员工心目中的印象，从而在一定程度上导致你的领导力提升或降低。所以，领导者要时时反思自己的举止言行，虽然只是一些细节，但千里之堤溃于蚁穴的道理也是需要牢记的。

作为领导者，无论在任何环境中，你都是员工们关注的焦点人物，你的一言一行都可能成为人们议论和品评的话题。所以，领导者的语言魅力在领导魅力中起着重要的作用。

作为领导者，当你在思考自己说话是否恰当之前，首先应该明白：你是什么样的领导者？以及你所领导的人又是怎样的？在不同的环境中为了让自己取得更大的成功，你就应该注意自己的说话方式。

领导者会说话，可以在无形中增强其感召力、向心力和凝聚力。反之，领导者说话不拘小节、信口开河，就会在员工中失去威望，并会降低自己的领导魅力。

# 第五章

## 带人要会批评：让自己的批评尽量柔和一些

在工作中，每个人的能力都是不同的，不可能每一项工作都适应于每一个人，所以，犯错误是不可避免的，自然，被批评也是不可避免的。

批评是一门艺术，不当的批评会刺伤对方；而具有艺术感的批评则是一种激励，能让对方心存感激，也是自己的一份财富。

第五章
带人要会批评:让自己的批评尽量柔和一些

## 批评他人的时候要委婉一点

一个人在批评他人的时候越是能尊重、理解对方,他的批评也就越客观。所以说,尊重、理解是批评他人的前提,它能使忠言不逆耳、良药不苦口。

从心理学角度来说,批评与被批评的过程,实际上是批评者与被批评者在思想、感情上认同与交流的过程。在批评过程中,批评者越是尊重对方、理解对方,那么,被批评者就越容易接受他的意见,而且一丝抱怨也没有。

当你批评他人的时候,充分尊重他人,懂得维护他人的自尊心,照顾到对方的颜面,话语温柔,不带有刻薄或者挖苦的口吻,不摆出一副高高在上的姿态,能够站在对方的角度为别人着想,不自以为是,那么,对方就会欣然接受你的批评,认识到自己的错误,积极地肯定你的建议。一个人在批评他人的时候越是能尊重、理解对方,他的批评也就越客观。所以说,尊重、理解是批评他人的前提,它能使忠言不逆耳、良药不苦口。

有的领导者却总是误解批评的含义,总是将批评转化成发泄自己内心不满情绪的渠道。其实,批评是指出对方的错误,使对方能够更好地纠正错误、完善自己,如果你将批评转化为情绪的发泄,那么批评的色彩就变了,带有一种恶意。同样的道理,由于你批评对方的方式不同,被批评者在接受批评时自然也会产生两种截然不同的结果：一种是马上认识到你是在替他着想，是友善的批评；另一种则是内心反感，怒视你，认为你把他当成了出气筒，发泄心中的不快，是恶意的批评。产生的结果不同，自然对方接受的程度也会不同。

一天，马主任满脸怒气地走出办公室，快速地走到秘书小李跟前，"啪"的一声将一份报告摔在秘书小李的桌上，办公室里其他同事立刻被响起的声音惊动，齐刷刷地朝小李这边看。看着其他员工都有点儿震惊，马主任觉得正好可以借此机会对其他人也做一个警告，于是就大声训斥道："你看看你做的什么东西？都工作好几年了，写出来的是什么报告？空洞乏味，交给上层领导，领导会怎么想？肯定会认为我的手下员工办事不力，能力有问题！以后写东西的时候多思考思考，别天天得过且过的！"说完，转身就走了，小李被晾在那里，十分尴尬。

这件事情之后，马主任以为员工的工作效率会提高很多，但是，恰恰相反，从此之后，大家看到他都急忙躲避，他布置工作的时候，大家也总是以没有时间或者手头正忙着作为借口推辞。慢慢地，马主任意识到自己的做法是不明智的。

人人都爱面子，如果触及到了对方的尊严，那么你的批评不仅不会起到积极作用，反而会让人心生厌倦，事与愿违。

有时候，批评之所以不能达到目的，主要就是出于两个原因：一是批评者没有了解对方出现错误的原因，贸然批评对方，如此很容易让对方感到心里委屈；二是批评者不得其法，批评时带有威慑性，摆出一副高高在上的姿态，暗示对方做事"笨拙"，从而引起对方的反感。

## 第五章
### 带人要会批评：让自己的批评尽量柔和一些

在工作中，领导者批评员工的时候，员工的第一反应就是保护好自己的尊严。此时，如果领导者没有觉察出员工的这种心理，而是以权威者的姿态自居，对其横加指责，那么员工的自我尊严保护的倾向就会更明显。这个时候，员工对批评毫不在意乃是最自然的反应。所以，在批评他人时，一定不要只顾着宣泄自己内心的不满，得理也要让人。如果不懂得批评的方法和艺术，结果只会适得其反。

所以，领导者不要拿着"批评"当利剑，不要发现员工出现了问题便怒气冲冲地当面批评，一定要首先搞清楚批评的原因，考虑到自己和企业的利益的同时也要考虑一下员工的想法，要让对方感到你对他说的话是善意的劝导，而不是恶言相向，这样对方就会心甘情愿地接受了。

## 在批评对方的同时要学会给一个"甜枣"吃

无论在任何时候，当你在批评对方的时候，如果能够记得给对方一个"甜枣"吃，你才能称得上是真正有能力和有水平的领导者。

美国著名企业家玛丽·凯在《谈人的管理》一书中说："不要仅仅想着批评，要多想想赞美。我一直以来都严格遵守这个原则。无论你要批评对方什么，首先一定要找出对方的优点进行一番赞美，无论在批评前还是批评后，都必须这样做。这就是夹在大赞美中的小批评。"

人在受到批评之前，最担心的就是自己的颜面受损，作为领导者，如果你能将批评夹杂在赞美之中，先肯定对方，然后再适当地进行批评，岂不是更好？

罗宾汉教授在《心的形成》一书中这样写道："如果有人直接指出我们的错误，我们会马上对他的批评产生反感，而且，此时我们还会更加坚信自己是正确的。如果有人想要将我们的这种信念彻底地消灭掉，我们反而会更加坚决地来维护它。"

罗宾汉教授说的正是人的一种本性之一。生活中，我们常常听到这样的话："这头'倔驴'，怎么说都不听话"、"这个员工，对他批评了好多次了，就是改不了这个臭毛病"。然而，不知你是否想过，你在批评的时候是否先给予了对方一些赞美之词呢？

如果两者对比一下，你就会发现，"大棒式"的批评方式与"先给个甜枣再打一巴掌"的批评方式，结果是迥然不同的。无论在任何时候，当你在批评对方的时候，如果能够记得给对方一个"甜枣"吃，你才能称得上是真正有能力和有水平的领导者。

一名刚刚参军的小士兵写得一手漂亮的字，但就是"洒脱不拘"。每天早晨起床后，只有他不肯整理内务，班里经常因为他扣分。为此，班长批评了他好多次，但是，一点儿也不起作用，他依旧我行我素。

一天，指导员看到小战士正在认真地练字，特意走上前去说："字写得很漂亮嘛！"小战士一看是指导员在夸他，十分得意。指导员接着说道："中国的汉字是最美的字体，它融合了美学和力学等因素。"然后，指导员又与他讲了很多关于汉字的事情。小战士没想到指导员对汉字这么有研究，十分佩服。

这时，指导员话锋一转说："正所谓，字如其人，但遗憾的是，你的字却不同于你的人。"指导员指着他的床铺又说："你的字写得这么漂亮，但再看看你的床铺，邋邋遢遢，哪有你的字那么漂亮……汉字的每一笔都很重要，一旦哪一笔写得不好，就会影响到字的整体美。而一个集体也是如此，如果有一个人做不好，那么整个集体的荣誉是不是也会随之受到影响呢？"

小战士明白了指导员话里的意思，红着脸说："指导员，我知道错了，我保证以后一定好好整理内务，不影响集体荣誉。"

班长和指导员都是对小战士的错误进行过批评，对于班长的批评，小战士丝毫没有理会。但是，指导员的批评却使小战士马上意识到了自己的错误，决心改正错误。指导员采用的批评方式是先从小战士的得意之处入手赞扬，然后再指出他存在的问题，自然，这样就更容易被小战士接受了。

当今，人们都在提倡赏识教育，领导者在批评员工的时候首先要营造一个轻松自由的氛围，在批评之前，要先让对方发现自己的优点也是被别人重视。如果领导者对员工给予过多的鼓励赞扬，他们的内心就会受到蒙蔽，难以发现自己的缺点；但如果总是批评，也会使员工丧失自信。只有两者相结合，你的批评和建议才能深入对方内心，才能达到目的。

## 采取恰当的方式，良药也可以不苦口

在指出他人错误时，如果能够掌握一些方法，采用一种恰当的方式委婉地启发对方，就会使"良药"喝起来带有一些甜味，让"忠言"听起来更顺耳。

在工作中，每个人的能力都是不同的，不可能每一项工作都适应于每一个人，所以，犯错误是不可避免的，自然，被批评也是不可避免的。但是，在现实生活中，有的领导者喜欢批评得尖锐一些、严厉一些，结果导致批评的效果适得其反。所以，在对他人进行批评时，也要懂得让忠言变得顺耳，这样才会起到更大的作用。

忠言"逆耳"或者"顺耳"，完全取决于领导者是否掌握了批评的语言艺术与方式方法。换个角度说，"忠言逆耳"是出于诚意的批评，但为什么很多人常常将诚意的批评加入否定或者生硬的口气呢？如果能够在"忠言"中加入一些温和的口气、委婉的方式，不是会让对方更容易接受，也更具说服力吗？

一次，有个战士在站岗的时候睡着了。一位指导员发现后，严厉斥责战士："我多次强调，站岗绝不能睡觉，你还是把我说过的话当作耳旁风，回去后写检查……"

战士感到很沮丧，心想："写就写，那我继续睡。"

不一会儿，又过来一个指导员，他却和蔼地对战士说："你困了，是吧？你先去睡一会儿，我替你站一会儿。但是以后可不能这样了，战士站岗睡觉，如果在战争年代，后果会非常严重，由于你的疏忽，可能会导致一个连的士兵都会丢掉生命……"

战士听后承认了错误。

两位指导员在发现战士站岗睡觉，对其进行批评时虽然都是出于诚意，但一个忠言逆耳，另一个忠言顺耳。结果，战士因为第一位指导员的批评逆耳，

# 第五章
## 带人要会批评：让自己的批评尽量柔和一些

产生了对立情绪。第二位指导员忠言顺耳，善于疏导，使战士承认了错误。

由此看来，"忠言顺耳"与"忠言逆耳"仅仅一字之差，批评的效果却发生了很大的变化。

生活中，常常会遇到这样的情况：当自己的亲朋好友陷入困境或者遇到不开心的事情时，你出于好心地劝导他们，却不被对方接受，"好心被当成了驴肝肺"，搞得双方都不愉快。还有一些人不经意间说出了批评之语，并强调说："我对事不对人，都是为你好。"但是如此做法并不能减轻批评对他人造成的伤害。还有一些人总是喜欢抬高自己，时不时摆出一个高高在上的姿态批评别人，好像只有这样才能显示出他们的权威，其结果往往是不但刺痛了对方，而且自己也受到伤害。

可以说，很多批评者都是出于善意去批评他人，很多被批评者也都知道忠言逆耳利于行，但不当的批评方式却遭来很多人的反感，难以达到预期的效果。

为什么会如此呢？还需要从语言艺术方面做一下自我反思。

在现实生活中，人们更喜欢听顺耳的忠言。在指出他人错误时，如果能够掌握一些方法，采用一种恰当的方式委婉地启发对方，就会使"良药"喝起来带有一些甜味，让"忠言"听起来更顺耳。唯有如此，才能使自己的批评更利于对方接受。

领导者在批评员工时，要懂得驾驭好语言的艺术、采用灵活的方式批评教育他人，才能真正解决好问题。有时领导者仅仅说出一番发自肺腑的"家常话"，就能使员工欣然接受，达到事半功倍的目的；而有时虽然领导者的期望值很高，但由于批评的方式方法不对，结果事与愿违、徒劳无功。

所以，领导者在批评员工的时候不妨多一些顺耳的话，委婉启发，多一些温情，少一些生硬，那么批评的效果将会好得多。

## 对员工的批评要注意对事不对人

有时,领导者可能真的压抑不住内心的火气,对着员工一顿发泄,但需要记住的是,火气应该朝着事情去发泄,而不是对着员工去发泄。

常言说:"金无足赤,人无完人。"任何一个人都不是完美的、万能的,任何人都会不可避免地犯下一些错误。因此,当自己的员工做错事情的时候,作为领导者,不论怎样愤怒,都应该牢记"对事不对人"。

2005年的时候,一家网络公司迅速崛起,但是在发展的时候遇到了两个大问题。网络公司在面对流量用户的同时,还需要为其他网站提供服务。当时,该公司的负责人几乎天天盯着服务器,面临的压力可想而知。

正在这个时候,销售部的工作人员又谈成了新的门户网站,但新门户希望能够使用自己网站的搜索引擎。负责人对此事十分头疼,他很清楚,这个服务器运行速度会跟不上,如果再新添服务的话,极有可能造成服务器的崩溃。但是负责人考虑后还是选择了合作。果然,就像他先前预料的一样,服务器十分不稳,最后只得紧急下线。

为此,负责人在不安当中过了好几天。他十分清楚,以领导的性子,是绝不允许他出现这样大的失误的。让他没有想到的是,领导并没有因为这个重大的失误而大发雷霆,在公司的例会上,他十分平静地对负责人说道:

## 第五章
### 带人要会批评：让自己的批评尽量柔和一些

"你的职责，是保证公司服务器的稳定，发生这件事情，你有很大的责任，需要好好地反省一下。"接着话锋一转，说道："现在问题的关键，是怎样解决这个问题，而不是追究责任。大家赶紧讨论一下解决方法吧。"

随后，负责人在大会上说出了自己的解决方案，领导一边认真地听，一边赞许地点头，觉得他的解决方案很好，也很全面，便也很快地投入讨论当中。负责人见到这种情况，心中的压力便慢慢消释了。在大会之后，负责人见到领导，还是会觉得很不好意思，没想到领导就像忘记了这件事情一样，主动过来跟他说道："这个周末有空吗？"

看到领导脸上无尽的期盼神情，负责人乐了起来，说道："你是不是又想将大家聚在一块儿，出去玩玩？"负责人又恢复了以往的工作热情。

对于案例中的领导者，可以用"宽容"、"仁慈"来形容，在处理事情的时候，领导者没有一口咬着失误不放，或者是针对负责人犯下过失的行为进行严厉指责，他首先做的就是想着补救方案。领导者"对事不对人"的方法换来了员工尽心尽力工作的热情。

有时候，领导者可能真的压抑不住内心的火气，对着员工一顿发泄，但需要记住的是，火气应该朝着事情去发泄，而不是对着员工去发泄，不能因为员工的过失而扯上尊严、人格、个人行为等问题。"对人不对事"地责罚，最终会使上下级不同心，出现隔阂，为企业的发展埋下"地雷"。那么，领导者应该怎样做到对事不对人呢？

1. 分清行为问题和自身问题

训导员工，应该指责员工的行为，而不是员工自身。比如，一个员工在上班的时候常常迟到，那么只应该指责他的行为造成了问题，影响了整个企业的工作效率，而不应该过分指责这个人自身的问题，更不该进行人身攻击。

领导者要处罚的话，也只能处罚他违反规章制度的行为。

2. 做到具体问题具体分析

"对事不对人"，这个道理说起来容易，真正实行起来可就难了。哲学里提到，所有的事物都是矛盾的，那么处理问题的时候就该做到具体问题具体分析。

比如，一个员工因为忘记定好闹钟而迟到，企业领导者这个时候就可以进行训导。但如果迟到的原因是因为上班路上地铁突然坏了，这个时候批评他是没有意义的。因为这种事情，不是个人可以控制的。

同时，也要用交流去化解彼此的矛盾，在训导过后，不能让员工内心产生隔阂，带着情绪做事，那样只会越做越糟，事倍功半。

3. 做到就事论事，不牵扯他人

领导者要懂得帮助员工提高自己的工作能力，改正错误，做好思想工作，不应该因为员工一时的失误就去翻旧账。这种翻旧账的行为，只会伤到员工的自尊心，也是领导者的一大忌讳。同时，也要考虑到员工的自尊心，再怎么批评员工，都不要说到伤害他们自尊心的字眼。还有就是不要牵扯上他人。现代企业都是分为部门和小组办事，出现问题如果是"株连九族"，这对付出努力和艰辛的员工是不公平的，会对员工的积极性造成打击，影响日后办事效率。

## 指出对方缺点时一定要注意场合和方式

每个人都希望自己在他人心目中是完美的，都不希望对方看到或者当面指出自己的缺点，所以，在你指出对方缺点时，一定要在场合和方式上下功夫。

## 第五章
### 带人要会批评：让自己的批评尽量柔和一些

有位文学家在作品中曾写道："害人的舌头比魔鬼还要厉害，上帝意识到了这一点，用他那仁慈的心，特地在舌头外面筑起两排牙齿、两片嘴唇，目的就是要让人们讲话要通过大脑，深思熟虑后再说，避免出口伤人。"

批评他人一定要注意场合，权衡利弊之后再说出。如果批评他人不注意场合，不注意方式方法，不考虑结果，往往会令对方厌恶、遭人嫌弃。

正所谓"言由心生"，一个人如何说话、说话的效果如何，完全由大脑支配，所以在掌握好说话技巧前一定要先掌控好自己的大脑。在说话之前一定要先经过大脑思考和筛选，恶语中伤类的言辞一定不能说出口。

批评如同一把利剑，既可以拯救一个人，也可以杀害一个人。它是批评者站在一定的高度，一个公正的立场，通过一定的方式对他人或者一些事情进行论证的过程，它需要批评者具有严谨而有力的逻辑思维。每个人都希望自己在他人心目中是完美的，都不希望对方看到或者当面指出自己的缺点，所以，在你指出对方缺点的时候，如果想要取得良好的效果，就一定要在场合和方式上下功夫。

临近圣诞之际，一家公司提出要举办一次圣诞晚会。在那天的宴会上，公司邀请了很多有生意往来的合作伙伴，这也就给这次晚会增添了一些商业的味道。参加晚会的每一个员工，无论职位高低都穿上了十分得体的晚礼服。

突然，业务部的主管发现，他手下的一个员工居然穿着一件很普通的衣服进来了，他有些生气地走到这位员工面前说："你怎么穿这样的衣服来了？"虽然主管的声音不大，但依然有人听到了。

"之前准备好的晚礼服出门时不小心洒上了饮料，所以就……很抱歉。"

"那你就能穿这样的衣服来吗？你看看你自己，像什么样子！"主管不高兴地看着员工说道，"公司的脸面都让你丢尽了。"面对出言不给人留面子的主管，本来就感到很抱歉的员工此时更是无地自容。接着主管毫不客气地说道："别说了，要么你马上出去换一件回来，要么马上离开这里，不要继续留在这里丢人。"

听到这里，员工狼狈地离开了晚会现场。

自尊心人人都有，在公众场合毫不掩饰地批评他人，大多数人都难以接受。那位主管在众目睽睽之下直接批评自己的员工，这显然是一种不理智的做法，这不仅会引起员工的反感，其他人见此也不会对这位领导产生好感，毕竟当众批评员工的领导并非是一位懂得领导之道的领导者。所以，无论你的批评是正确的还是有些过激，都应当选择合适的场合。

批评本身不是领导者应当达到的目的，而打动员工，使员工能够发现自己的错误，让他发生改变，回到正确的轨道上，这才是领导者在批评他人时的真正目的。因此，在批评员工时，即便你的动机是好的，是苦口婆心的教育，也不要忽视了方式和场合的问题。

每个人都是有自尊的。在公众场合的时候，即便你的批评方式是温和的，也容易引起被批评者的不满，认为你没有尊重他，忽视了他的自尊，让他颜面扫地，无法在其他人面前立足。所以，批评一个出现错误的人时，一定要避免在公共场合进行批评，而是要选择单独谈话的方式。只要能让对方意识到自己的错误，这就是领导者最大的成功，没有必要非要当着他人的面公开批评某个人。适可而止、给对方留有余地的方式比较好，这会让员工对你心存感激。

批评是一门艺术，不当的批评会影响这门艺术，刺伤对方的尊严，而具有艺术感的批评则是一种奉献，能让对方心存感激，也是自己的一份财富。

## 批评这把利剑一定要做到因人而异

在领导者的工作中，批评与赞扬是相辅相成的，作为领导，想要很好地驾驭批评这把利剑，就需要做到因人而异，要尽量减少批评所带来的负面影响，降低员工的抵触情绪。

话就是说给对方听的，至于说得好不好，结果会怎样，不仅要看说出的话是否恰当，而且也要看说话者是否把握住了对方的心理，做到了因人而异。

心理学家认为，人的性格分为多种类型，但大体说来，可分为内向和外向两种。性格外向的人比较开朗、活泼、善于交流，对他人提出的批评或者意见也会比较爽快地接受，不会因为一点儿小小的批评而耿耿于怀；而性格内向的人喜欢安静，处世会三思而后行，对事情比较敏感，尤其是受到他人批评时。

所以，当领导者在批评员工的时候，一定要根据不同员工的类型采取不同的方法。对性格开朗的外向型员工可以直言说出，而对于性格内向谨慎型员工就需要含蓄一些；对脾气火暴、做事匆忙的员工循循善诱，对犹豫不决、难以做出定论的员工要一针见血，等等。

王丽已经在公司工作一年了，但是，她的性格有些内向，不爱与其他同事交流，别人和她开个玩笑，她就会脸红。

公司就是一个需要员工们融合在一起的地方,即使某个员工的工作做得很好,但也应当学会与其他人交流。

经理观察了王丽的情况后,找了一个恰当的时机单独与她谈话。

经理说:"王丽,你是一个非常优秀的员工,工作做得很好,前几天你交上来的报告,我看了,做得非常棒。"王丽微微一笑,说了句:"谢谢经理夸奖。"

接下来,经理又接着说:"你看啊,王丽,你的工作这么出色,如果你能和其他人多交流一下意见、想法,是不是会更出色呢?"

从那以后,王丽把经理的话当成鼓励,与其他同事多多交流,很快便与同事们融洽相处。

在领导者的工作中,批评与赞扬是相辅相成的,作为领导者,想要很好地驾驭批评这把利剑,就需要做到因人而异,要尽量减少批评所带来的负面影响,降低员工的抵触情绪,进而达到良好的批评效果。这需要领导者在批评员工的时候充分认识到员工的个性心理特征方面的不同,使自己的批评方式与对方的个性心理特征相适应。

比如,遇到不爱说话的员工,你不能直接批评他:"你应当学会与其他人交流,每天不说话,自己一个人闷头工作,能做出什么好成绩吗?"这样只会让内向的员工更加害羞,更加不愿意和其他同事交流。相反,如果采取了上面故事中那位经理鼓励式的说话方式,那么,员工不但会按照你的建议去做,而且在以后的工作中还会做得更出色。

由于人与人之间经历、受教育程度、性格、环境等方面的不同,他们接受批评的程度也是有区别的,这就对领导提出了一个需要注意的问题:运用批评方法要因人而异。唯有领导者的批评能够"对号入座",做到有的

## 第五章
### 带人要会批评：让自己的批评尽量柔和一些

放矢，才会达到理想的效果，而不至于让上下级之间因批评而闹矛盾，甚至结下疙瘩。

第一，对于自尊心较强的员工，不要想着一蹴而就，而应当采取渐进式的批评方式。要由浅入深，一步一步走入对方的心里，不要一开始就和盘托出，这样容易让对方产生沉重感，难以达到预期的目的。

第二，对于社会阅历较浅、自我意识较强的年轻员工，应采用对比的方式，借助别人的经验委婉地指出他们的错误。

第三，对于脾气火暴的员工，要心平气和地与其讨论问题，使其感觉到你们之间是平等的，避免对方出现对抗或者抵触的情绪。

第四，对于性格内向，但思想比较成熟的员工，用提问的方式批评对方是一种不错的办法。运用此种方法，领导者仅仅扮演提问者的形象，让被批评的员工自我作答，借此思索自己存在的问题。

## 最有效的批评方法之一就是暗示

在工作中，最有效的批评办法之一就是采用暗示的方式。因为当你采用这种方式去提醒员工的时候，就等于在给他一种心理暗示："你应该注意一点了"，或者"你应当及时改正"。

《呻吟语》中说："指责他人之过，需要稍作保留。不要直接地攻讦，最好采用委婉暗示的譬喻，使对方自然地领悟，切忌露骨直言。"其实生活中很多的话不需要特别直白地说出来,有时候采用暗示代替直言,既不会影响彼此之间的关系,又能很好地传达自己的意思,堪称是一种不错的方法。对员工的批评也是如此,即便员工犯了错误,也不需要那么直白、那么言辞激烈,要适当运用暗示这种方式。就如同老牛拉车一样,强硬地驱赶是不行的,不妨转换一种方式,兜一个圈子,然后将其引上路,往往更能得到很好的效果。同样的道理,巧妙地暗示员工的错误,不仅不会使员工对你产生抵触情绪,而且还会欣然接受你的批评,并且迅速改正。

某公司招进来一个很有才华的大学生,由于工作业绩比较突出,这位大学生傲气十足,结果时间一久,搞得人际关系十分紧张。领导觉察到这个情况之后,认为应该与这位大学生说一下这种情况。但是,如果直接找他谈这件事,性格高傲的大学生肯定觉得脸上挂不住,怎么办呢?思前想后,领导想到了一个好办法。

一天中午吃饭,领导端着餐盘走到大学生的桌前与他一起吃饭。领导说:"我朋友的一个公司里有一个年轻人工作能力非常棒,业绩突出,但就是有些傲慢,瞧不起人,身边的同事都对他有些看法。后来在一次民意测验中,他的分数最低,他得知结果后感到继续留在那里难以生存,想要调走,找我的朋友谈话,我的朋友很惋惜地对他说:'你本来是一个能力很突出,也很有发展的小伙子,就是因为太傲慢了,不善于交际,结果影响了自己的发展,太可惜了。'"讲完了这个故事,领导也吃完饭了。之后他又和大学生谈了一些工作上的事,帮大学生解决了一些工作上的难题。

大学生从此主动和同事打招呼,与同事一起共事,很快,他与同事之间的僵化关系改善了很多。

## 第五章
### 带人要会批评：让自己的批评尽量柔和一些

这位领导的批评可谓恰到好处，对于当今爱面子、注重自尊的年轻人来说，他既没有伤害到年轻人的自尊，也给了年轻人一个下台阶的机会，还给年轻人做了一个善意的提醒，这就是一种不错的暗示批评艺术。

一个人犯了错误，这并不代表他是一个一无是处的人，就如同一个人什么错误都不会犯，但也不能说他万事都能做好的道理一样。因此，领导者一旦发现员工出现了问题，或者犯了错误，想要为他解决问题纠正错误，就必须要注意方式方法。

在工作中，最有效的批评办法之一就是采用暗示的方式。因为当你采用这种方式去提醒员工的时候，就等于在给他一种心理暗示："你应该注意一点了"，或者"你应当及时改正"。这样对方就不会觉得有失面子，你的忠言也会更顺耳，对方也就更容易接受你的批评和建议。

人是一种十分看重自尊和荣誉的动物，生活中，很多人之所以不愿意接受对方的批评或者建议，主要就是因为他们担心会伤害到自己的自尊和荣誉。所以，在职场中，当领导者想要指出员工的错误时，如果能够运用含蓄委婉的暗示方式去批评，反而更能达到使其改正错误的目的。

## 第六章

## 带人要会拒绝：让不合理的要求"就此打住"

工作中，我们总是要与各种各样的人做各种各样的事情，其中，有自己愿意做的，也有自己不情愿做的；有正确的，也有错误的；有自己乐于接受的，也有自己感到为难的；有积极的，也有消极的。那么，面对这些事情的时候，如何拒绝对方而避免自己的尴尬呢？

# 第六章
## 带人要会拒绝：让不合理的要求"就此打住"

## 倾听之后再做出拒绝

一位领导者想要让自己的"王国"更加强大，就要先听听员工都在说什么，多听听他们的意见和建议，多思考一番，这对你的管理工作是非常有意义的。

任何人都希望能够赢得他人的认可，如果你想赢得他人的赞同或喜欢，说话之前最好先倾听，这样不仅可以避免说错话的现象，而且还是一种能够得到他人认可的良好方式。

有人说"沉默可使傻子成为聪明人"。学会在沟通中倾听对方，你就是聪明之人。比如，作为一名领导者，在与员工沟通前，只有先倾听，才能帮助你很好地掌握员工内心的想法、了解员工存在的问题以及他们的需求。

所以，如果你想成为一名优秀的领导者，就应当学会倾听员工的心声，这是每位领导者的重要工作内容之一。而想要做到这一点并不难，只要领导者懂得静静地倾听员工的谈话就可以了。在办公室里倾听、在工作间倾听、在就餐时倾听、在车间里倾听，随时随地都要懂得倾听。

当然，也有一部分领导者自以为是地认为，自己是领导，员工就必须听从他的意见、服从他的决定。某些领导者还常常说出这样愚蠢的话："我说的话，你们必须执行，不要总是唧唧歪歪地发表那些你们自以为很高明的见解。"对于这样的领导者，也许没有员工愿意和他们接触，自然他们也难以得到员工的尊敬。

有人说，上帝之所以在创造人类的时候给了两只耳朵、一张嘴，就是要人们少说多听的。如果你总是不停地说话，自然，你学到的东西也是少得可怜的。由此来说，一位领导者想要让自己的"王国"更加强大，就要先听听员工都在说什么，多听听他们的意见和建议，多思考一番，这对你的管理工作是非常有意义的。

小李："赵经理，很抱歉，您交给我的任务，已经两天过去了，但是我依然没有头绪，我觉得也许在这方面我的能力欠缺一些，您看能不能将这项工作交给其他人来做呢？"

赵经理："没有头绪，是吗？那你说说这项工作难在哪里呢？"

小李滔滔不绝地和赵经理讲述了一番。赵经理听后笑了，说道："正因为这项工作有难度，所以我才交给了你，凭借你的能力完全可以做好这件事，如果连你都做不好，那我看我们这个部门就找不出其他人来做了。继续做吧，如果你转换一下切入角度，先思考结果，是不是会更好一些呢？"

小李："啊！我知道了，知道该怎么做了，那我回去再继续做吧！"

当你的员工向你提出一些你不愿意接受的想法时，其实，他们心中往往也会有一些担忧，担心你不会批准他们的请求，担心你会批评他们的能力不行。因此，当员工提出要求的时候，不要马上回绝，要先倾听他们的诉说，设身处地地站在他们的角度去思考，这样才能知道怎样去点拨他们，给他们信心。

# 第六章
带人要会拒绝：让不合理的要求"就此打住"

倾听员工，首先，会让员工感受到你对他们的重视，其次，你可以很明确地知道员工在哪些方面能力有些欠缺，能够更多地去了解他们的情况，所以，当你委婉地表达出自己的拒绝之意时，也可以降低对他们产生的伤害，同时，还可适当点拨他们，如此，他们会感激你，能够在你的点拨之下找到更恰当的解决问题的方式，从而达到事半功倍的效果，这对领导者本人来说也是非常有帮助的。

## 拒绝队员时要把话说得柔和一点

作为企业的领导者，拒绝员工的要求时一定要少用生硬的语言或者死板的口吻，把拒绝的话说得温柔一点儿，让员工明白其中的道理，和和气气地解决问题。

在某些场合，直接拒绝会损伤自己的颜面，如果你能运用一些比较得体的拒绝方式引水东渡，避重就轻，让对方无言以对，放弃对艰涩问题的追问，往往是一种不错的拒绝方式。

一般来说，当企业领导者遇到员工提出的艰涩问题时都比较着急，一方面不能不为员工解决问题，另一方面又不能草草地拒绝他说："对不起，我现在没时间。"这样容易挫伤员工的工作热情，也会降低员工对自己的信任值。而相对来说，比较委婉地拒绝员工不合时宜的或不合情理的要求，不仅能够为领导者节约时间，还能为员工保住面子，以免损伤员工的自尊心。

## 给你一个团队，你会怎么带

张文华是某市一家大型物流公司的总经理，有一天当他正欲外出开会的时候，在公司的走廊中与下属小赵不期而遇。小赵正对工作岗位的调动有些不满，便停下了脚步，说："张总，我来公司也有个五六年了吧，也是看着咱们公司一点点发展壮大起来的，我原本在操作部干得好好的，现在说调动就调动，又让我去业务部，张总你看这个问题怎么解决，你现在可得给我一个答复啊……"

张文华认真地听完小赵的抱怨后，笑着说："小赵啊，你来公司这几年帮公司作了很大的贡献，我都一直记在心里，可是你一直都在操作部做事，工作性质太稳定了，这样日后怎么能经历大风大浪呢！其实这次把你调到业务部是我的建议，我是希望你能尽快地成长起来，成为多方面人才，将来成为公司的栋梁之才。"

小赵听后，抱怨之情立刻消失了，取而代之的是喜悦与感动。

作为领导者，当表现并不够格的员工对你提出升职、加薪、换岗位等要求时，不要直接指出员工的不足，斥责其没有努力工作或者没有为公司作出贡献，如此一说，自然会激起员工强烈的不满情绪，有的员工甚至还会离开公司，领导者应当做的是得体地为员工指出他们在哪些方面需要继续努力，给他们指出一条可以提升自己的路线。如此，虽然你拒绝了员工的升职与加薪的要求，但是员工不会因此而颜面扫地，而是会照着你指出的路线努力前进。

作为企业的领导者，拒绝员工的要求时一定要少用生硬的语言或者死板的口吻，把拒绝的话说得温柔一点儿，让员工明白其中的道理，和和气气地解决问题。在拒绝的艺术中，这是一种很好的方法。具体来讲，领导者在拒绝员工时，需要注意以下几点：

第一，照顾到员工的感受。虽然领导者拒绝员工的不合理要求很容易，只需张口说一声"不"字就好，但是，如果忽略了员工的感受，这就很难赢得员工的尊重，反而会让员工记恨你，甚至背叛你。

第二，方法巧妙，语言和善。领导者拒绝员工的方式需灵活多变，抓住员工的心理，蜻蜓点水般深入浅出地拒绝对方。语言和善，可以消除员工的敌意。

第三，态度要真诚。拒绝员工的要求时，不要说出带有挖苦意味的尖酸语言，或者表现出一副轻视的神态，因为你的这种举动很容易伤害到对方。

第四，给出合理性建议。当领导者婉转地拒绝了员工的不合理要求的时候，可以针对情况给出一些建议，帮助其找到解决办法，如此，虽然你拒绝了员工的要求，但是员工却会因为你的帮助而感激你。

## "谢绝"更容易被队员接受

每个人都应当明确，当别人请求的事情违背你的意愿时，你必须拒绝对方，以免让自己左右为难，或者勉强答应了却心不甘、情不愿。

通常来说，拒绝别人的要求是一件颇有些困难的事情。日本的一位教授说："央求人固然是一件难事，而当别人央求你，你又不得不拒绝的时候，亦是叫人头痛万分的。原因是每一个人都有自尊心，都想得到别人的重视，同时我们也不想让别人不愉快,所以也就难以说出拒绝别人的话了。"

诚然,拒绝的确是一个难以轻松做出的举动,尤其是回绝对方,更是一件不礼貌的事情。然而,每个人都应当明确,当别人请求的事情违背你的意愿时,你必须拒绝对方,以免让自己左右为难,或者勉强答应了却心不甘、情不愿。可是,在回绝对方的时候,如果你不希望自己的拒绝令对方产生反感,伤害对方的面子,那么你可以采用一种巧妙的谢绝方式,这种拒绝的方式要比回绝好得多。

一次,一位美国记者问基辛格:"我们有多少潜艇在配置分导式多弹头?有多少民兵在配置分导式多弹头?"

这是一个艰涩的问题,但是,如果直接回答说"不知道",这显然是在撒谎;可是,如果说"无可奉告"这类带有保密性的语言,又会显得太俗套了,而且这种回答方式可能会引发记者的好奇心,令其继续穷追不舍。总之,对于这种国家机密就是不能实话实说。

结果,这个艰涩的问题并没有难倒基辛格,他从容地说道:"我们有多少潜艇在配置分导式多弹头,我知道,有多少民兵在配置分导式多弹头,我也知道,但是,我不知道这是不是保密的。"

那位记者一听,以为基辛格要作出回答,于是高兴地叫嚷道:"不是保密的,不是保密的!"

接着,基辛格笑着反问道:"不是保密的吗?那你来说说是多少。"

结果,基辛格用巧妙的反问方式立刻将尖锐问题的矛头调转了,巧妙而又得体地制止了记者的继续追问。

当你在拒绝他人的时候,首先要想一想:你的直接回绝会不会引起对方

## 第六章
### 带人要会拒绝：让不合理的要求"就此打住"

更加强烈的追根刨底的意识？如果是这样，那么，你的回绝不仅是一种不礼貌的行为，而且还会使自己陷入更加尴尬的境地。这时，委婉的谢绝就显得很有必要了。

作为企业的领导者也应如此，当你遇到一些来自员工的不合理的请求时，此时若想轻松地把"不"字说出口，同时又不得罪员工，确实需要技巧。

钱锺书先生曾把一些祝寿纪念会和某些所谓的学术讨论会的邀请一概拒之门外，并毫不客气地一连说出七个"不"："不必花些不明不白的钱，找一些不三不四的人，说些不痛不痒的话。"这就是一种很好的谢绝方式。既然自己不愿意继续如此，那么又何必为难自己做出虚伪的事情呢？由此来看，谢绝虽然是一种礼貌的说话方式，但是也是需要掌握技巧的。

第一，要认真地倾听对方说话，找到他话语中的漏洞，但不要中途打断对方，也不要做出某种不耐烦的表情或者动作，一定要让他说完，并时不时提出一两个问题。正所谓"言多必失"，让对方畅所欲言正是你找到谢绝理由的最好机会。

第二，谢绝对方时，态度要从容，说话要稳妥。先把他的话概括为几点，然后问他是否是这个意思，再从他对的一面表示出自己的赞同，说一些赞扬的话，对方欣喜过后，话锋一转，逐层谢绝，把轻的谢绝之语放在前面说，把重的谢绝之语放在后面说，使对方无法辩驳。

第三，谢绝之后，虽然你的目的达到了，但是也要表现出谦和的态度，说一些无关主题的、可以活跃气氛的话，缓和刚刚的气氛。

## 婉转有效地进行推辞，避免尴尬

在拒绝别人的时候委婉地说一些巧妙的话，既能为自己开脱，也不会让别人难堪，又能给对方留足面子，使交际双方都免受尴尬之苦。

人与人之间避免不了互相帮忙，尤其是主动帮助他人更容易赢得对方的好感。但是，如果这种帮助违背自己的意愿，或者给自己造成了极大的压力，甚至让自己产生烦躁的心理，这种帮助就是不必要的了。所以，如果你不好意思直接拒绝他人，就需要懂得巧妙推辞，这比直接拒绝要委婉很多。

一家公司刚刚成立，公司内仅有四五个人，所以一直没有安装空调，领导本来打算再招进来一些员工之后再安装好这些设备。

星期一的早上开例会的时候，有的员工就提出："现在这天气太热了，公司应该安装好空调，否则大家都要中暑了。"显然，这位员工的话语中带有几分不满。

大家都看着公司的最高领导，看他如何说话。领导沉默了一会儿，说道："他说得很有道理，这段时间，大家的确都很辛苦，而且天气也很热，我十分体谅大家。首先我向各位员工表示感谢，感谢你们在这样的环境中依然兢兢业业地工作。空调的事情，我们已经在联系了，只是最近那边的安装人员出了一些问题，所以迟迟未来。这样吧，先给大家安装几台风扇，解解大家的暑气。"

## 第六章
### 带人要会拒绝：让不合理的要求"就此打住"

在日常的交际活动中，身为领导者，遇到类似的事情并不新鲜。在面对这些问题的时候，如果你不知所措，含糊其辞地答应下来，最后却没有落实，必然会引发员工的不满，可是，如果你直接拒绝员工的要求，说："不行，绝对不行。"这么强硬的态度可能会导致你和员工的关系紧张，如果遇到小心眼的员工还会记恨你，在以后的工作中处处和你作对。

也许有人会说，可以把这件事情转嫁到其他领导者身上，推托说："这件事不要直接和我提，××是专门负责这一方面的领导，你去找××吧。"虽然这样的推辞的确将自己撇开了，可是，你有没有想过，如果这位员工把你的话说给那位领导者听了，那位领导者又会对你产生怎样的想法呢？

这种推辞方法似乎并不是最明智的方式，那么，作为领导，究竟该如何婉转而又有效地推辞来自同级别同事或者员工的一些要求呢？

第一，态度温和而坚定。这就如同给小孩喂药一样，是苦药，孩子会摇头晃脑，就是不愿意吃，而带有甜味的药，孩子却会高高兴兴地吃下去，此时，你也可以避免很多不必要的麻烦。同样，委婉推辞要比直接拒绝更让人容易接受。

第二，缓和对方对拒绝的抗拒情绪。你可以先肯定一下对方，对他的努力表示赞赏，洗耳恭听对方的心声，对自己难以做到的深表歉意，这些都是拒绝之前需要仔细铺垫的，而且也是缓解对方情绪的良药。上面故事中的那位领导使用的就是这种办法。

第三，降低对方对你的期望。无论员工还是同级别的同事，只要他们来求你帮忙，都是相信你有能力帮助他们，对你抱有期望的。通常来说，别人带着希望来了，你怎能直接将他人拒之门外呢？可是，帮助了他们，可能会给自己带来麻烦，此时，你可以这样做，先说一些自己的不足，将对方对自己的期望值适当降低一些，然后再说一说自己的难处，如此，对方也就不好意思继续请你帮忙了。

拒绝他人的请求，很容易引起对方的不快，但是作为领导者，不可能有求必应，有些事情必须加以拒绝。那么，怎样才能尽量把这种因拒绝而可能引起的不快控制在最低限度之内呢？这就需要我们在拒绝别人的时候委婉地说一些巧妙的话，既能为自己开脱，也不会让别人难堪，又能给对方留足面子，使交际双方都免受尴尬之苦。从这里来说，巧妙推辞也是领导者需要具备的一种能力。

## 在拒绝他人的时候要掌握度，避免得罪人

在拒绝他人的时候要掌握好度，刚中带柔，柔中又夹杂着合理的因素，如此才能将彼此之间的尴尬降到最低点，达到既不伤害彼此之间的关系，又能得到对方谅解的目的。

如果你掌握了拒绝的艺术，就自然能够做到拒绝之后"散买卖不散交情"，减少一些不必要的心理压力，同时也不至于将自己陷入一种被动的情境之中，使生活更轻松、更和谐。

生活中，每个人都被他人拒绝过，然而，当时你是马上释然了呢，还是觉得很难为情呢？这主要看拒绝之人的方式如何。企业中，作为领导者，对员工进行拒绝并能够使之很快释然，也是一种艺术。如果你是一位懂得拒绝

## 第六章
### 带人要会拒绝：让不合理的要求"就此打住"

之术的领导者，你就不会轻易拒绝别人；即使要拒绝员工，也要懂得"拒绝的策略"，如果你凭借自己的权力，一再对员工进行刁难，说这也不行，那也不行，那样，员工自然会认为你是一个顽固而没有人情味的领导者。其实只要能够换位思考一下，自然不难理解其中的含义。

历史上有很多领导人深谙拒绝之道，在说"不"的同时，还能给足对方面子。19世纪的英国首相狄斯累利就是一例。

一位军官十分渴望拥有男爵的称号，所以，他总是请求狄斯累利对他进行加封。可是狄斯累利虽然知道他的能力很强，但是也知道他不够被加封为男爵的条件，所以无法满足他的要求，但是，如果直接说出真实情况，就等于得罪了他，唯有想出一种万全之策，做到既不得罪他，又能把拒绝之语说出，方能达到效果。

终于，狄斯累利把这位军官请到办公室，说："亲爱的朋友，很抱歉，男爵的封号我不能赐封给您，可是，我可以给您一件比男爵封号更好的东西。我会通报所有的人，我曾多次要求册封你为男爵，但是，你总是极力拒绝。"

说话时要掌握方式，特别是在拒绝他人的时候，更需注意说话的方式方法，既要表达出自己的拒绝之意，又要将拒绝之语说得委婉动听，让别人体会到你的难处，并心甘情愿接受你的拒绝。

可是，过于生硬的拒绝之语容易伤害到对方的自尊心，影响到彼此之间的感情，而过于柔软的语言往往又显得很无力，使别人产生某种联想，两者都难以达到"买卖不成仁义在"的境界。所以，在拒绝他人的时候要掌握好度，刚中带柔，柔中又夹杂着合理的因素，如此才能将彼此之间的尴尬降到最低点，达到既不伤害彼此之间的关系，又能得到对方谅解的目的。

由此来说，拒绝他人是领导者需要格外重视的一个方面，因为拒绝他人既是展现自身形象的好时机，也是处理好与他人关系的好时机，如若不然，不仅伤害了彼此之间的关系或者友情，甚至会得罪人，日后的工作自然难以开展下去。

第七章

带人要会识人：让手下的千里马及时被发现

"世有伯乐，而后有千里马。"这句话精辟地道出了领导者能够识别人才的重要意义。企业的发展，人才起着决定性的作用，能够像伯乐识别千里马那样识别人才，是作为企业的领导者最应该具备的才能之一，也只有会识人才能会用人。

# 第七章
## 带人要会识人：让手下的千里马及时被发现

## 领导者要学会慧眼识人

人才是企业发展的基础，企业的宏伟事业离不开人才的建设，这就要求领导者必须学会慧眼识人，为企业招募到最合适的人才。

在一个企业中，最重要的资源莫过于人，尤其是人才。有的领导者不以为意，认为企业最重要的是客户。诚然，客户是企业利润的重要来源，但是，领导者要知道这一点：客户是需要靠人去发现、开发和维系的，如果没有企业中的"人"，客户是不会自己找上门来的。

"世有伯乐，而后有千里马。"这句话精辟地道出了领导者能够识别人才的重要意义。企业的发展，人才起着决定性的作用，能够像伯乐识别千里马那样识别人才，是作为企业的领导者最应该具备的才能之一，也只有会识人才能会用人。

世界上有名的大企业无不是重视人才、善用人才的典范。比尔·盖茨曾这样感慨："如果把我们顶尖的 20 个人才挖走，那么，我告诉你，微软会变成一家无足轻重的公司。"从此话足可以看出微软对于人才的重视以及人才对于微软的重要性。

用人必先识人，知人方能善任。人才是企业发展的基础，企业的宏伟事业离不开人才的建设,这就要求领导者必须学会慧眼识人,为企业招募到最合适的人才。领导者在选拔人才的时候,一定要全面、公正、客观地去了解人才,这样才能辨其长处。

一个企业要想在日益激烈的市场竞争中脱颖而出,靠的就是人才。只有用对了人,企业才能获得成功。

在湖北省有一个叫观音岭的地方,是重要的贡茶产地,在这个地方有一家新开的贡茶有限公司,公司的经理是一个叫顾之行的年轻人,顾之行公司里的茶叶品质很好,但顾之行却发现公司缺少一个懂管理的人才,而且这个人才一定要对茶叶方面熟悉。

有一天,朋友跟他说,在武汉见过一个专门生产茶叶的工厂的厂长,这位厂长曾经把一个茶叶的小作坊经营成全国有名的大公司,不过这位厂长现在已经退休了。顾之行觉得这是个机会,于是亲自登门拜访厂长,想把他招来,让他做经理。

然而第一次登门拜访,厂长推说自己年事已高拒绝了顾之行的邀请。这就像是一盆冷水浇到了头上,顾之行怏怏地离开了。从与厂长的交流中,顾之行知道这人正是自己期盼已久的人才。

顾之行决定要"三顾茅庐"请厂长这个"诸葛亮"出山。第二次,顾之行来的时候天公不作美,下着大雨,这一次顾之行得以和厂长促膝交谈,两人谈了一个多小时,但厂长还是没有答应他。但顾之行通过这两次的接触,更加确定了厂长就是自己要找的人才。

厂长的母亲生日的那天,顾之行买了一个很大的蛋糕,为厂长的母亲祝寿。老人家很喜欢顾之行,在得知顾之行的来意后,老人家对儿子说:"看在这个孩子这么有诚意的分上,你就帮帮他吧,我身子骨还硬朗,不用你担心。"

原来厂长之所以不肯答应顾之行就是因为母亲年事已高，顾之行说："我的茶厂虽然在山里，但我请你是做管理的，不需要你离开武汉。"厂长只好答应出山了。后来在厂长的管理下，顾之行的公司有了脱胎换骨的变化，销售额直线上升，成为全国知名的茶叶品牌。

领导者学会识人是一件非常重要的事情，慧眼识人是每位领导者都应该做到的事情。领导者要坚持学以致用、用人之长的原则。虽然世界上不存在全面的人才，每一个人都是偏才，但最重要的就是从这些偏才身上找到其闪光点，并人尽其用，充分发挥一个人的特长是十分重要的。

人才是企业的生命，没有人才，企业的生命也就终止了。领导者识人要有伯乐之眼、霸王之胆，敢于开拓、善于发掘，能从一件不引人注意的小事或者一个小的细节上发现人才，这是一个领导者必备的素质。

## 由表及里，真正地识别出人才

领导者不能因员工的外表而迷了眼睛，应该由表及里，通过现象认清他们的本质，看准员工的"庐山真面目"。

人不可貌相，海水不可斗量。通过外表来了解人，是识人的一种辅助手段。但是，领导者不能因员工的外表而迷了眼睛，应该由表及里，通过现象认清他们的本质，看准员工的"庐山真面目"。如果把它绝对化，把识人变成以貌取人，会错识人才，乃至失去人才。

晋代学者葛洪在《抱朴子·外篇》中深有感触地说，看一个人的外表是无法识察其本质的，凭一个人的相貌是不可衡量其能力的。有的人其貌不扬，甚至丑陋，但却是千古奇才；有的人虽然仪表堂堂，却是"金玉其外，败絮其中"的草包。

自古以来，"以貌取人"者就不乏其人。三国鼎立时期，东吴的国君孙权是善识人才的明君，他一表人才，满腹经纶，很多人才都甘愿附在他的麾下。在孙权的带领下，东吴被治理得井然有序，呈现出一片生机勃勃的现象。但是，即使是这样的明君，在辨别人才的时候，也有失误的地方。

周瑜逝世之后，孙权的身边便缺少一个善谋的智者，这时鲁肃向孙权推荐了庞统。孙权很是期待能够有人代替周瑜，为他减轻压力。然而，当鲁肃带庞统前来拜见时，孙权看到庞统的长相后，却一口拒绝了鲁肃的推荐。原来庞统的相貌极为丑陋，浓眉掀鼻、黑面短髯，庞统本来也很自卑，但在同门诸葛亮的开导下决定出来建功立业，可没想到一出来，就遭到了孙权的"以貌取人"。

鲁肃悄悄地问孙权："主公，你为什么这么快就拒绝任用庞统？这可不是你一向招揽人才的作风啊！"孙权回头看了一眼庞统说道："你看他的长相，尚不及周瑜的十分之一，怎么看都不像一个足智多谋的人，怎么能把周瑜的位置让给他呢？他在我看来不过就是一介莽夫。"

鲁肃打断孙权的话，提醒道："主公，你错了，当年在赤壁大战的时候，若没有庞统连连献计，我们又怎能战胜曹操呢？"但孙权并没有采纳鲁肃的建议，最终还是让庞统走了。

后来，庞统又去投奔刘备，最初刘备也是犯了和孙权一样的错误，好在

# 第七章
## 带人要会识人：让手下的千里马及时被发现

关羽、张飞一直在给庞统求情，刘备才答应任用庞统。在刘备麾下，庞统的才能日益表现出来，对以后蜀国的建立和发展作出了很大的贡献。

当孙权听说庞统到刘备那儿后所作出的贡献，叹息着说："我又失去了一个周瑜。"可他悔之晚矣。

作为一个企业的领导者，要想真正地识别出人才，就要进行全方位的审查，看其是否有与其职位相当的能力，是否有不可限量的前途，而不是单单靠着外表来判断一个人的才能、智慧、学识。企业领导者应该学会识辨，如果凭着外表来选人才，终究会导致人才被埋没，使企业受到损失。不以貌取人是领导者必须掌握的识人原则。但是，如何练就这项本事呢？应该注意以下几点。

### 1. 看内在，看内涵

"透过现象看本质"是每个企业领导者都该有的本事，领导者选用人才的时候，应该重视其内在，不轻易被其外表蒙蔽。那些真正的人才有时会像蒙尘的珍珠，看上去毫不出色，没有一点发光点，但是深入了解之后，就会发现他们的言行都比较质朴自然，拥有丰富内涵。

### 2. 看品质，看成长价值

一个人才除了自身的才华以外，首先需要有好品质。联想创始人柳传志在选拔人才的时候先看品行，后看才能，选择与企业"同心同德"的人。一些年轻人才刚刚迈入职场，他们虽然处于成长发展阶段，但是与企业领导者交谈的时候，总是有一种"初生牛犊不怕虎"、"出淤泥而不染"的高贵品质。

其次是要注重人才的成长价值。一位善识人才的企业领导者就是"伯乐"，他的任务就是要在"千里马"无处施展腿脚之时识别出它与一般马的不同之处,若是"千里马"早已在驰骋,显出英姿,又何需"伯乐"去识别呢?所以,在识别人才的时候要注重其后期的成长价值。

3. 实事求是

企业领导者在识别人才的时候,需要保持清醒的头脑,不能让自己的思想被别人牵着走,要有自己的独特见解。

"将心比心"的道理谁都懂,不是每个人生来都拥有明星般的样貌,企业领导者不妨换位思考一下,假如自己在应聘的时候,别的老板因为外表而不重用自己,是否会觉得对方没有眼光呢?所以,在识别人才的时候,千万不要以貌取人,不要让自己成为没有眼光的领导者,与真正的人才失之交臂。

## 用人要用德才兼备的人

意大利著名诗人但丁曾经留下过一句流传千古的至理名言:"一个人如果知识不全的话,可以用优良的道德品质去弥补,而一个道德不全的人,却无法用知识去弥补。"

当代企业发展的关键就在于人才,人才就好比是企业的发动机,少了它,什么都运行不了。作为企业的领导者,一定切记,用人要用德才兼备的人才,绝不能让小人进入企业的核心层,即使这个小人身上有很多他人难以超越的才能。

人才是任何一个团队和任何一家企业发展的根本,和其他方面比起来,

## 第七章 带人要会识人：让手下的千里马及时被发现

人才才是企业发展的第一要素，是推动企业发展的最强大力量，也是企业必须紧紧抓住、努力开发的最核心资源。然而，现实生活中是什么景象呢？很多企业并不缺能力高、学历高的人，甚至有的企业精英荟萃，可是让人迷惑的是，这样的企业或者团队，却面临着发展动力不足的困境，甚至有的还惨遭淘汰。

仔细挖掘其中的原因，我们会发现，在这样的企业中虽然能力高、学历高的人不稀缺，但是他们大多缺乏诸如忠诚、敬业、服从、正直、诚信等优良品德，而一个优秀的员工是必然要具备这些品质的。如果一个企业员工人品普遍低下，员工之间充满重重矛盾、勾心斗角、尔虞我诈、损公肥私，企业又怎能发展壮大呢？

在"用人唯德"这一点上，晚清著名军事家、政治家曾国藩就有一双能够看清手下人的眼睛。

曾国藩提出的"德"，含义十分广泛，包括忠诚、踏实、正直、勇敢等。他一再强调，要"于纯朴中选拔人才，才可以蒸蒸日上"，他所说的"纯朴"，指的就是朴实、诚实等优秀品质。他曾经指出："德，就要能够在政治上忠于自己的信仰与事业，并心甘情愿地为这个信仰和事业竭尽全力；在生活作风上，要能够质朴实在、吃苦耐劳；在精神面貌上，要能够有坚忍不拔的顽强精神。"

一天午后，曾国藩的府第来了三个年轻人，但是曾国藩没有立刻就接见他们，而是将他们"晒"了一段时间，故意让他们在大厅中等待，直到黄昏，曾国藩才出来见他们三人。这三人都是他的学生李鸿章举荐过来的，希望曾国藩能够重用他们，为大清朝做出一番业绩。而曾国藩有意迟迟不见他们，就是想对他们三个人进行一番考察，来了解三人。

他在暗处观察他们的一举一动,发现三人有不同的举动:第一个人在屋子内四处观望,第二个人老老实实地坐在椅子上,第三个人一直站在门口,静静地看着天际流云。时间久了,前两个人露出不满的神色,第三个人却一如既往,十分平静地观赏周围的景色。

这一切让曾国藩对他们有了一个大致的了解,随后便走到大厅,和他们交谈了起来。经过一番谈话,曾国藩对他们又有了新的看法:不住地观察屋子中摆设的年轻人,说起话来滔滔不绝;那个一直坐着的人,一言不发;四处欣赏风景的人,是不发言则已,只要一出口,都是些惊人的言论,见解十分之高,偶尔还会出言顶撞他。到天色渐晚之时,他们就起身告辞了。

等到他们离开之后,曾国藩对他们职位的安排心里有了数:那个敢于出言顶撞自己的人被派往军前效力;那个沉默寡言的人负责管理粮草;而那个说话滔滔不绝的年轻人,则被安排了一个闲职。

对曾国藩的安排,众人十分不解,就来问他原因。曾国藩解释说:"那个和我聊得来的年轻人,在大厅等我的时候,就在四处打量屋里的摆设,以此揣测我的喜好。大家等久了,只有他抱怨最深,但见了我之后,却对我十分恭敬,可见此人是一个表里不一的人物,所以不能委以重任。而那个沉默寡言的人,虽然对我唯唯诺诺,全没半分魄力,但性格沉稳,正好可以用来管理钱粮。而那个敢于出言顶撞我的人,我让他等了那么久,他却毫无怨言,甚至还有心情观赏天际浮云,可见他的淡定从容,有大将之风。我当然要提拔他。"事实证明,曾国藩的眼光是十分独到的,被他提拔的这个年轻人,就是后来赫赫有名的台湾首任巡抚刘铭传。

曾国藩在用人上能够意识到识才、选才、用才的相互作用。对一个人才的任用,首先懂得识别,进而根据对人才的了解进行甄选,最后再任用人才,将他们分配到适合他们工作的岗位上。

曾国藩识才、用才的标准是以德为首,他的做法值得当今每一个企业领导者借鉴。作为企业的领导者,在选用人才的时候,就要学习曾国藩这种"先重德,再重才"的原则。假如,企业的领导者仅仅重视员工的才能,却忽视了员工的品德,只会给企业造成不可估量的损失。

意大利著名诗人但丁曾经留下过一句流传千古的至理名言:"一个人如果知识不全的话,可以用优良的道德品质去弥补,而一个道德不全的人,却无法用知识去弥补。"才能的缺失可以通过后天的学习、努力以及他人的教育来提升,但是道德的低劣,不论怎样都无法弥补,因为不正确的人生观、价值观、道德观要是在心中根深蒂固的话,就很难改变了。所以,企业的领导者在选用人才时,不要一味地重视才能而忽略品德。

## 在识人的时候,不要依赖个人喜好

在识人的时候,领导者不应该以个人的喜好为原则,在选拔人才的时候首先要以企业岗位需要何种人才作为判断标准,而不去考察这个人符不符合自己的"口味"。

有的领导者喜欢听恭维话,把善于逢迎的人当作人才;有的领导者对小圈子比较感兴趣,于是把气味相投的人当作人才;有的领导者喜欢比较"听话"的员工,把服从自己命令的人当作人才;有的领导者则比较看重个人恩怨，凡对自己有恩的人，总是想方设法委以重任……

　　作为领导者，应该将职场规则作为自己的行为规范，不应该掺杂个人好恶，甚至当个人好恶与职场规则发生冲突时，也应该以企业的利益为先。如果依赖个人喜好来选择人才，试图破坏职场规则，那么则会给组织和自己带来损失。

　　由于每个人的经验、人生观和世界观等因素的不同而导致人与人之间存在着很大的差异，而很多人在固定的环境中形成对事物的看法，就会形成一种深深扎根于心里的思维方式和处世方式，也就是我们所说的"偏见"，具有偏见的领导者一般会依据个人意愿和个人的理解在内心里给对方作出评价。

　　在识人的时候，领导者不应该以个人的喜好为原则，在选拔人才的时候首先要以企业岗位需要何种人才作为判断标准，而不去考察这个人符不符合自己的"口味"。

　　春秋战国时期，管仲就是一位善于识人的伯乐，据《管子·大匡》记载，齐僖公生有公子纠与公子小白。齐僖公委派鲍叔牙辅佐小白，鲍叔牙个人不是很喜欢小白的为人，于是在家称病不出。鲍叔牙是朝廷位高权重的人，他称病在家，对朝廷的秩序产生了很大的影响。

　　在主公的要求下，管仲和召忽去看望鲍叔牙，质问他为什么不上朝，鲍叔牙诚恳地说："古人曾言：知子莫若父，知臣莫若君。现在国君觉得我老了，能力不够了，让我辅佐小白，就是很好的证明。"召忽说："如果你仍然不愿意复出，我可以跟君王说你病重，那么君王一定会免去你的职责。"鲍叔牙觉得是个好主意，十分认可。

　　但管仲却反对，他说："不行。位高权重的人本来任务就够繁忙，你这一称病，不知道积累多少军政要务需要你处理，你不应该贪图安逸，将来继

## 第七章
### 带人要会识人：让手下的千里马及时被发现

承君位的，还不知道是哪位公子呢，你还是早点儿复出吧。"

召忽说："继承君位的应该是小白吧。"

管仲却说："不对，虽然国人因为厌恶公子纠的母亲而厌恶公子纠，反而同情小白没有母亲。但可以肯定的是，将来当国君的除了纠就是小白，只有这两种选择。小白为人比较低调，也没有足够的小聪明，性子也很急，很少有人能够理解小白。但如果是纠为君王，他性格败坏，也会一事无成，到时候如果你鲍叔牙不出来安定国家，还有谁呢？"

召忽说："如果在百年之后，国君去世，另立的国君却不是我所拥护的人，就是能够得到天下，我也不想活着。"

管仲说："我作为百姓的儿子，君主的臣子，岂能放之江山而不顾？又岂能为了纠而牺牲？除非国家破、宗庙灭、祭祀绝，只有这样，我才去死。不是这三件事，我就要活下来。我活着对这个国家有利，我死了则是国家的损失。"

鲍叔牙说："我应该怎么做？"管仲说："你明早照常上朝就是了。"鲍叔牙答应了，在以后的日子尽心尽力地辅佐小白。

在小白还没有即位之前，管仲就看出小白在将来有可能被立为君主。在这一点上，管仲要比鲍叔牙、召忽更善于识别人才。

到后来，小白果然即位成了齐桓公，在鲍叔牙、管仲等人的护送下安全由鲁国返回齐国。在小白回国之前，鲁国国君曾经问齐国施伯对小白的看法，施伯说："臣闻齐君惕而亟骄，虽得贤，庸必能用之乎？"意思就是齐桓公性急而骄傲，虽然有贤才辅助他，他会不会用还是一回事呢！正因为这个评论，鲁国国君才把管仲放回了齐国，从而成就了齐桓公的春秋霸业。

上面是两种识人的方法：施伯识人流于表面，只因齐桓公"惕而亟骄"

而否定了齐桓公；而管仲相比则识人比较全面，他认为虽然齐桓公性急，但在经历更多的事情后，终究会有悔悟的一天。事实证明，管仲是正确的。

这两种识人的方法告诉我们，识人不能只看表面，不能以自己的好恶为评判的原则，作为领导者，一旦渗入了个人的主观意识来识人，就会很难全面地认识一个人。

作为领导者，你要记住，工作就是工作，不要把个人感情或者喜好掺杂到工作中，这是一个职场人士具备的常识。如果选拔人才以自己的好恶为主，合乎自己心意者就是人才，不合乎自己心意者就是庸才，那么领导者就会迷失方向，必将会造成不良的后果。

## 用人之道就是避开劣势，扬长避短

很多领导者感叹手下无人才可用，也有的领导者庆幸人人可用。其实用人之道，就在于发挥一个人的优势，避开劣势，扬长避短，让其潜力能够得到最大化的发挥。

对领导者来说，善于发现他人的长处是一件很重要的事情，因此，领导者在选拔人才的时候，首先要考虑这个人有什么长处、能够胜任什么工作。《水浒传》中的军师吴用就是善于发现他人长处的领导者，在他的眼中，即使是偷鸡摸狗成性的时迁，也多次被委以重任，因为吴用发现了其特长——飞檐走壁的功夫。

## 第七章
### 带人要会识人：让手下的千里马及时被发现

事实上，人各有其短，亦各有其长。很多领导者感叹手下无人才可用，也有的领导者庆幸人人可用。其实用人之道，就在于发挥每个人的优势，避开劣势，扬长避短，让其潜力能够得到最大化的发挥。

明朝时期，江苏太仓一代有个小有名气的画家叫作周元素。周元素有一个画童叫作阿留。

一天早上，周元素要出门，便交代阿留："你留在家里看好门，要是谁来了，要记住他们的样子，等我回来的时候再告诉我。"

晚上，周元素回来后问阿留："今天有人来找过我吗？"

"有，来了好几个呢！"阿留说道，他用手比画着继续说道，"第一个矮矮胖胖的，第二个高高瘦瘦的，第三个漂漂亮亮的，最后一个拄着根拐杖。"

周元素算是听明白了，于是笑着问道："除了他们，还有没有其他人来过？"

阿留憨厚地摸摸自己的脑袋，嘿嘿笑着说道："我担心人来多了会记不住，所以在拄着拐杖的老爷爷走后，我就把大门给闩上了，没再出去过，所以不知道有没有什么人再来过。"

周元素没再说什么，他向来是个宽厚的长者，所以也明白阿留，知道阿留的悟性不高，至少在记人方面毫无长处可言。

阿留的确不聪明，但是他也有长处。周元素在写字、作画的时候，一定要阿留为他磨墨、调颜料。阿留在磨墨的时候会把墨磨得很浓，用他磨的墨写的字，在日光、灯光下可以反射出光泽。阿留对色彩的辨别力比一般人强许多，周元素需要什么样的颜色，阿留总是能恰到好处地调出来，不会出差错。周元素在写字画画的时候，阿留都在一边看着，周元素画花鸟，有时候阿留会和他说，花朵的颜色应该再重些，小鸟腰部的颜色可以再丰富些，周元素采纳阿留的建议后,效果往往好得多。

有一天,周元素在桌上铺开了一张纸,动手作画,阿留在一旁看得很专心,周元素朝着他开玩笑地说道:"你是不是也看出点儿什么名堂来了?你能画几笔吗?"

阿留竟然很认真地回答说:"这有什么难的!"周元素于是很大方地把手中的画笔交给了阿留。

只见阿留卷起了衣袖,看似认真地在纸上画起来,不一会儿,一幅出水芙蓉图就画好了。整幅画面是小池塘内的水荡漾,一片小小的荷叶在微风中摇动,一只蜻蜓正准备在荷叶上停留,最后用杨万里的诗句写道:"小荷才露尖尖角,早有蜻蜓立上头。"

周元素拿起画来仔细看着,阿留画的的确是一幅好画,看上去意境开阔、构图匀称、浓淡相宜。如果不是周元素亲眼看到阿留作画的整个过程,他是怎么也不会相信这幅画是出自一个看起来傻乎乎的小画童之手。接着,周元素让阿留再画一幅,阿留点头答应,他沉思了一会儿,又很快地画出了一幅,那画面上是微风吹拂着一株才舒展开眉眼的柔柳,燕子斜着身子从天空掠过,向着柔柳飞过来。

虽然画面上只有一株柔柳、一只燕子,但是给人的感觉是暖暖的味道,让人感受到春天,感受到充满情趣的盎然生机。阿留的画笔法老到,布局合理,像出自一位老练的画家之手,让周元素暗自称赞。

周元素善识人之性、用人之长,使一个在别人眼中百无一用的小画童成为远近闻名的画家。

故事说到这里,无非是想表达每个人都有每个人的长处,而作为企业领导者就该有周元素那样善于识辨他人长处的本事。如果周元素只是留意生活

## 第七章
### 带人要会识人:让手下的千里马及时被发现

中没有长处的阿留,只看到其短处,不见其长,又怎么能充分发挥他的才能?

领导者全面认识一个人,就是为了发现其长处。识人的目的是在用人,领导者应该将眼光放在每个人的长处上,善于发现他人的长处。这样员工才能用长处为企业创造价值,如果仅仅只能看到员工的短处,那么领导者的心胸也够狭窄的。所以,领导者首先要练好自身的管理功夫,修炼一双善于发现他人长处的眼睛。

## 及时发掘手下身上的闪光点

一个目光锐利的企业领导者,应该能够及时地从员工的行为中看到他身上存在的闪光点,那些闪光的地方,就是员工的可造之处。

每个大企业当中都有很多员工,但是一些企业领导者还是感叹自己手底下没有可以利用的人才。其实,并非企业当中没有人才,而是很多人才被埋没在企业当中。因此,在员工中发现可塑之才,并进一步对其进行培养,成为企业领导者所必备的能力之一。

当今社会竞争激烈,企业之间的竞争,说白了就是人才之间的竞争。人才对企业发展的作用就像是千里良驹对万里之路,可以帮助你纵横商场。正因为如此,优秀的人才也就成为众多企业争相招聘的对象。为了得到人才,很多企业领导者大费心机,甚至不惜到其他公司当中"挖墙脚"。

但是,与其耗时耗力、大费周折地从冗杂的人员当中挑选人才,为什么不能换个角度思考，从手底下现有的员工当中挑选一些可以"挑大梁"的人才予以塑造，让他们成为企业的发展新动力呢？

松下电器公司曾经专门建立了一家中尾纪念研究所，目的就是为了纪念公司的副董事长中尾哲二郎。最初的时候，中尾哲二郎只是松下公司当中一个默默无闻的小职员，是松下幸之助在巡视车间时偶然发现的，松下幸之助觉得中尾哲二郎身上有很多别人没有的优点，认为他是一个可塑之才。

当时的日本正值关东大地震后的经济复苏时期，松下电器为了公司的发展，花费大量的金钱来招聘人才。开始的时候，中尾哲二郎只是在一家分公司做事情，是一名极为普通的操作工，该厂的厂长龟田从没有重用过他。

一天，松下幸之助到这家分公司考察，正巧见到中尾哲二郎正在勤奋地工作，便忍不住问他："你在这里做了多久的活？"中尾哲二郎头也不抬，说道："大概十个多月吧。请原谅我先生，不是我没有礼貌，而是我现在不能移开我的视线，我的工作，必须要一次性地装夹好，才算利索。"

松下幸之助听到中尾哲二郎的回答，心里十分感动，离开的时候，他跟这个分厂的厂长龟田说道："你手底下那个叫作中尾哲二郎的人是一个很不错的员工，我看他操作机械十分熟练。"龟田却十分不屑地说道："那个家伙，说的话很多，连我的话也不听，有时候甚至和我大吵大闹，他能有什么真才实学呢？"松下幸之助莞尔一笑，说道："既然你不喜欢这个员工，将他交给我怎么样呢？"

就这样，中尾哲二郎被松下幸之助带走了，后来因为他的优秀表现，很快就被松下幸之助多次提升，最后升到了公司副董事长的位子。

一个目光锐利的企业领导者，应该能够及时地从员工的行为中看到他身

# 第七章
## 带人要会识人：让手下的千里马及时被发现

上存在的闪光点，那些闪光的地方，就是员工的可造之处。这就和松下幸之助慧眼识英雄，大胆提拔、任用中尾哲二郎一样。很多的企业领导人抱怨手底下没有可以任用的人才，实际上是自己没能及时发现优秀员工。

从各种角度来看，从现有的员工当中找到可塑之才，对企业来说好处多多。首先，因为这样的员工熟悉企业的情况、了解企业的业务流程，所以工作效率很高。其次，他们常年待在企业的基层，知道企业具体的情况，对解决企业发展中的问题很有经验。所以，企业的领导者一定要善待自己手底下的员工，任用他们当中的人才帮助自己管理企业。这既为自己增添了可用之才，减轻了企业的财政负担，又可以为企业的发展创造出意想不到的效益。

## 选拔和任用人才时一定要唯才是用

作为"将帅"，在选拔和任用人才时，一定要将目光放在有能力且又能体现出成果的人身上，即使他们没有较高的学历，也应该加以重用。

近些年来，职场上"重能力，轻学历"的呼声虽然甚嚣尘上，但受传统观念影响，很多领导者在选拔和任用人才的时候依然看重学历，认为学历高，能力自然也高。从某个角度来看，这种认识不无道理，学历高说明接受的教育程度高，同时也说明人家在学习的过程中是认真投入的。

但是，如果把学历和能力完全等同起来，就会有失偏颇。有的企业领导者在选拔和任用人才时，不断在招聘条件上提高学历要求，从大专升至大本，如今，连大本也难入他们的法眼，只有研究生以上学历者，他们才会考虑任用。

实际上，这样的做法是很狭隘的，会让企业流失很多优秀的、能力出众的人才。作为领导者，应该将眼光放宽，唯才是用，才能网罗真正的人才。

古往今来，有很多先辈们在这方面的做法很值得现代"将帅"们借鉴，在此举一个元世祖忽必烈的例子。

元世祖是我国历史上的一代杰出帝王，他不仅打出了中国历史上最大的疆域版图，而且在用人上也能慧眼识才、唯才是用。其中，让18岁的安童担任丞相就是一个例证。

安童是元初"开国四杰"之首木华黎的孙子，在他13岁那年，就倚仗着祖父的威名被"召入长宿卫，位上百僚之上"。虽然身为名门子弟，但安童从不愿意倚靠祖辈的荫庇，而是和其他孩子一样勤奋学习。正是因为这样，胸怀大志的安童表现出了与众不同的成熟和稳重。

安童16岁时，元世祖与阿里不哥在争夺王位中获胜，一举率军拘捕了阿里不哥的党羽千余人，元世祖问安童："我想将这些人杀掉，以绝后患，你认为怎么样？"

安童却说："依臣之见，自古以来，人各为其主，他们跟随阿里不哥也是身不由己，这由不得他们选择。陛下现在刚刚登上王位，要是因为泄私愤而杀了这些人，那又怎么能让天下人诚心归附呢？"一个16岁的少年竟然说出这样有见识的话来，元世祖惊讶地说："你年纪这么小，怎么知道这番道理呢？其实，我只是说说，我并不打算杀他们！"

一晃两年过去了，安童已经18岁了，元世祖一直细细地观察着安童，见他处世练达、办事果断、为人稳重、足智多谋，于是就决定破格提拔他为中

# 第七章
## 带人要会识人：让手下的千里马及时被发现

书右丞相。知道元世祖这一想法后，安童赶忙推辞道："虽然大元已经安定了三方，但江南还没有归属朝廷，臣年少资轻，恐怕四方会因此而轻视朝廷，还请陛下另请高明。"

但是，元世祖主意已定，毫不动摇，说："我已经考虑清楚了，你就不要再推脱了。"

用一个18岁的年轻人为丞相，在大一统的王朝中，是绝无仅有的。少年得志的安童，自然会招来不少人的忌妒，他们劝说元世祖不应该将实权交给一个小孩子。

元世祖语重心长地说："如果用人按资论辈，那我岂不是要等到安童三四十岁，甚至更老的时候才能提拔他？那时的安童可能已经锐气全无、才思迟钝，这将是对人才的扼杀。"

元五年，有几位权臣想削夺安童的实权，建议设尚书省让阿合马主持，而让安童居三公之位。元世祖把这件事交给大臣们讨论，最后说："安童，国之柱石，若为三公，看似给了他权职，实际上是夺了安童的实权啊，这样的做法我不同意。"

自此之后，安童一直身居要职，直到49岁因病去世，为元世祖效力长达31年，为元初国家的稳定和繁荣作出了巨大的贡献。

正是因为没有遵循人们一以贯之的"按资排辈"，而是破格提拔，才使得安童在风华正茂之年为国效忠，元世祖的英明之举不得不让人敬佩！

然而时代发展至今，不少企业的领导者在选拔人才的时候仍然会不自觉地按个人的外在因素排出资历大小、辈分高低，再让所有人按"辈"就班，依此用人。殊不知，这种做法会压制真正有才能的人，使组织出现僵化和凝固的情况，从而停止前进的步伐。

### 给你一个团队，你会怎么带

从这一点上讲，现代企业"将帅"们就有必要借鉴和学习一下古人了。作为领导者，忽必烈的唯才是用是很值得参考和学习的，不要只看一个人的年龄、外貌、学历等外在的东西，要深入了解其内涵，然后再判断其是否为人才。

"我劝天公重抖擞，不拘一格降人才。"诗人龚自珍的呐喊，直至今日，依然让人们震撼。作为"将帅"，在选拔和任用人才时，一定要将目光放在有能力且又能体现出成果的人身上，即使他们没有较高的学历，也应该加以重用。

# 第八章
## 带人要善授权：让每个队员都成为自己的主人

领导者最大的资本是什么？当然是权力，有了权力，领导者才能实施有效的管理。但是，有很多的企业领导者却并不善于运用手中的权力，把自己的权力看得太重，什么事都不放心，都要亲自过问才行。这种管理方法导致的直接后果是：领导者成了最忙最累的人，但是管理的效果却并不乐观，是典型的出力不讨好。

# 第八章
## 带人要善授权：让每个队员都成为自己的主人

## 信任员工，放心大胆地授权

"用人不疑，疑人不用"，领导者必须要信任自己的员工，尤其是将要对其授权的员工。只有这样，领导者才可以大胆放心地把权力授给员工。

领导者用人的一大绝招是授权给员工，并相信他们一定能够尽善尽美地完成自己交到他们手中的这份权力。信任员工，并授权给他们，是这一绝招的重中之重，千万马虎不得。

"管理的绝招在于如何授权"，授权是企业管理中的重要组成部分，是领导者要学习和掌握的一门艺术。但遗憾的是，有很多领导者明明知道应该放权给自己的员工，也授予了员工一部分权力，但是却又不能完全放心地把手中的权力交给员工。

于是一个怪圈出现了：领导者在一头把权力交给了自己的员工，员工们也摩拳擦掌，准备接过这个权力大干一场，但是始料不及的是，这权力上还拴了一根绳子，远远握在了领导者的手中。

权力介于"半授不授"之中，员工们该何去何从？领导者又该何去何从？导致这种现象的原因又何在？

这需要我们细心推敲！

我们知道，一个人的能力总是有限的，即使领导者可以"日理万机"，但要把所有的事都照顾过来，而且全部办好，那也是不可能的。如果硬要说有人可以做到这些，我们只能用一个词来形容——"天方夜谭"。所以好的领导者不能把权力都集中在自己一个人的手中，而是应该授权给员工，自己则以权统人。

授权是正确的用人之道，一方面可以让领导者的才能得到充分的发挥，更好地维护企业的运作；另一方面，可以锻炼员工的能力，为企业培养出优秀的高素质、高能力的人才。当然，从领导者自身的角度来说，这样做也可以使领导者的工作更加轻松。

我们说了"用人不疑，疑人不用"，领导者必须要信任自己的员工，尤其是将要对其授权的员工。只有这样，领导者才可以大胆放心地把权力授给员工。

应该说，有些领导者对员工授权时"半授不授"，是因为这些领导者们不太信任那些为自己鞍前马后效力的员工，担心他们能力不够，怕给他们太大的权力会把事情办砸了，当然，更怕事情办砸了会影响到自己的利益。他们很想凡事都亲力亲为，这样就不会有许多的顾忌。但是思前想后，看来看去，他们又发现，不放权给员工们也不行，因为事情太多，自己一个人精力有限，根本忙不过来。

当然，还有一类领导者是不愿意分散自己手中的权力，大权握在自己的手中才放心，才能高枕无忧。但事实是，不放权，自己一个人纵然有三头六臂也忙不过来。

无论是哪一种情形的领导者，他们最终都出现了一种情况：不放权给员工不行，但是放权又不放心。于是经过综合考虑，他们采取了一种折中的办法：放权给员工，但是授权的时候半授不授，权力绳索的一头还是要牢牢握

# 第八章
## 带人要善授权：让每个队员都成为自己的主人

在自己的手中才对。这样多好，二者兼顾！

但是事实上真是如此吗？

诸葛亮是中国老百姓最为推崇的智者，他可谓是一代英杰，空城计、赤壁之战等战例为世人广为传颂。这样的人如果放在现代，定然也是一位传奇人物。但是一些学者却认为，如果诸葛亮也奔波在现代的职场当中，他只能是一位机智百出的专业型人才，而非一个成功的企业领导者。原因很简单，他不能很好地处理对员工的授权关系。

这不是无的放矢，诸葛亮可以说真的是为蜀汉"鞠躬尽瘁，死而后已"，他处理国家大事，虽然日理万机，但却事必躬亲。虽然最后精力有限，他也肯授权给人，把自己的很多治国之方和经验传授给了姜维，让其可以为自己分担。但他始终放心不下，授权的时候"半授不授"，使姜维始终不能放开手脚大干一场。

最终的结果我们都知道，诸葛亮死后，蜀汉终于化为梦幻泡影，付诸东流。

很明显，领导者授权的时候"半授不授"，看似可以二者兼顾，实则是一种错误的管理方式。在这种状况下，员工在工作中的积极性、主动性、创造性和能动性都受到了不同程度的阻力，他们会觉得自己手中有权力，想把事情做到最好，可是做的时候却又会非常沮丧地发现，权力的重心原来还是不在自己手中，自己根本就没有足够的权力来处理这件事情。

如此一来，他们办事的信心就会大打折扣，到头来怕是非但不能二者兼顾，反而还会在很大程度上影响企业的利益。

给你一个团队，你会怎么带

## 积极听取员工的建议并给予重视

如果一个领导者一再地拒绝听取员工们提出的建议，他们就会觉得不是自己的建议不好，而是企业根本就不够重视员工的看法，这会使他们的积极性大打折扣。

或许你是领导者，而你身边的其他人都是你的员工，但这并不意味着你比他们聪明。他们之所以还没有坐到你的位置上，也许是因为经验不足，也许是因为能力不足，但绝对不是因为智慧不足。你挖空心思没有想到的事，或许他们已经想到了，这个时候，就要求你放下身段来，多多听取他们的建议。或许他们的建议，就是你加速企业运行的一剂猛药。

现今的企业管理理念是"用人不疑，疑人不用"，你选择了你的员工，用了他们，已经表明了你对他们的信任。所以，当你的员工提出建议时，应该欣然听取。只有你可以虚心听取员工们的建议，他们才会经常性地给你提出建议，如此你才不至于言路闭塞。

当然，员工们提出建议是一回事，你采纳与否是另一回事，作为一个领导者，你还是要站在领导者的角度来思考员工提出的这个建议该不该采用。有的时候，虽然他们热心地提出了很多的建议，但实际上却并不可行。但是要记得，你一定要听，不合适的建议你可以诚恳地告诉他们，让他们明白现在由于种种原因不能采取他们的建议，让他们明白你实际上已经认真考虑了

# 第八章
## 带人要善授权：让每个队员都成为自己的主人

他们的建议。但是无论如何，你一定得听取员工们提出的建议，不管可不可行。

你积极主动地听取员工们的建议，久而久之，他们就慢慢学会了去自动自发地思考问题，会很快成长起来。当然，上司能够听取自己的建议，且不说可不可行，他们都会觉得自己赢得了上司的重视，心情自然大好，于是不断会涌现新构想、新观念、新建议。他们的知识面也会越来越宽，见解越来越成熟，最终也会变成睿智的经营者。

反过来，如果一个领导者一再地拒绝听取员工们提出的建议，他们就会觉得不是自己的建议不好，而是企业根本就不够重视员工的看法，这会使他们的积极性大打折扣。而且他们还会自觉没趣，自信心大受打击，一而再、再而三之后，这种出力不讨好的事，怕是再也没有人肯做了。

一旦出现这种现象，会导致什么样的后果我们不难想象：企业如一潭死水，只有管理层的人员坐在那里挖空心思地想提高效率的方法，而员工们即便是有好的方法也不肯说了，他们只会死板地做自己分内的工作，没有进步，也没有发展可言。这种现象是很可怕的，至少对领导者来说、对企业来说，是一个噩梦。

所以领导者应该从一开始就要杜绝这个噩梦的发生，积极听取员工的意见和建议。信任他们，相信他们是从心里想为企业的发展出一份力。

有一家大型公司有两位经理，他们在能力方面不相上下，但是其中一位经理的员工看起来个个精力充沛，工作劲头儿十足，业绩一路飙升；而另一位经理的员工看起来则是无精打采，工作上提不起来劲儿，业绩上也没有什么进展。

这到底是为什么？为什么两位能力不相上下的经理的员工们会有如此之

大的反差？我们仔细一想就不难明白，也许原因多多，但有一点却很重要，那位员工的业绩增长迅速的经理一定是一位善于听从员工意见的领导者。因为他善于听从员工们的意见，信任自己的员工，所以他的部门成了一条大河，奔流不断。员工们会因为自己的建议不断被经理采纳而开心，会更加精神十足，开动脑筋，积极主动地为业绩的增长出谋划策，成长得就格外迅速。

当然，另一位经理在这方面就做得不够了。他因为不能积极主动地听取员工们的建议，导致自己的部门成了一潭死水。我们说，在这样的情形下，业绩能快速增长吗？员工们的积极性能高得起来吗？他们能快速成长吗？

领导者若想培养人才，就必须制造一个能够接受员工意见和建议的环境和气氛，不只是消极地沟通和安抚，而是在可行的基础上要积极地推行。也唯有如此，才能使得你的部门、你的企业在和员工们相互信任的基础上快速发展壮大起来。

## 对员工的意见要认真对待

每一位企业领导者都应该养成不耻下问的学习态度，对员工的意见，好的就采纳，不好的可指出，如此才能抓住员工的心。

企业领导者对待工作的时候要拿出比一般员工更谦虚的态度，多多学习别人的长处，为自己积累经验，培养自己的才能，只有这样才能到达更高的

## 第八章
### 带人要善授权：让每个队员都成为自己的主人

巅峰。如果企业领导者自以为是，面对员工的意见甚是反感，那么最后会发现自己正一步步地失去权威和员工的支持。

孔子曾经说过："三人行，必有我师焉。择其善者而从之，其不善者而改之。"意思是说，几个人在一起，必定有值得自己去学习的人，同时，要虚心学习别人的长处，把别人的缺点当作是一面镜子，看看自己是否也有类似的缺点和错误。如果有的话，就该及时地改掉，没有的话更好。孔子生活在几千年前，他悟出了这样的道理，作为后人的我们，又怎能不虚心听教呢？所以，每一位企业领导者都应该养成不耻下问的学习态度，对员工的意见，好的就采纳，不好的可指出，如此才能抓住员工的心。

微软集团的第一个华裔副总裁叫作李开复，李开复对比尔·盖茨十分崇拜，比尔·盖茨为IT（信息产业）行业作出的贡献不仅仅是神话般的存在，他更让IT行业迈入了新纪元。

李开复表示，他对比尔·盖茨很欣赏，他举了这样一个例子："我有一个朋友在微软，他的工作就是帮助比尔·盖茨准备演讲稿。这个朋友告诉我，比尔·盖茨每次演讲之前，都会自己先对演讲稿进行批注，并且认真地去准备和练习。所以，比尔·盖茨的演讲都会圆满地结束，演讲效果十分好。每次，比尔·盖茨演讲结束后，都会下来和我的朋友交流，问问他自己'哪里讲得好'、'哪里讲得不好'，比尔·盖茨会拿个本子记下自己哪里做错了、下次应该注意什么之类。"

当一个人在事业上取得了成功，却还能这么敬业、这么谦虚、这么愿意去学习，这是十分难能可贵的，因为，很多人成为领导者之后，自我膨胀，变得高傲自大，觉得自己是个了不起的人。在一些公司或者企业里，有些领导者给员工发工资全凭着自己的心情，最后和员工的关系弄得很僵。孔子还说过这样一句名言，他说："四时行焉，百物生焉，天何言哉？"意思就是指天之于万物，虽然是居功至伟，却从不夸耀自己。作为企业的领导者，要明白"尺有所短，寸有所长"的道理，不应该四处去炫耀自己的本事，应该谦逊好礼，多虚心地向员工和其他人学习请教，面对员工指出来的缺点，要虚心地悔改，把员工们的建议放在心上。

承认自己的能力没有员工强并不是一件很丢面子的事。曾经有位领导者说，他的能力和智慧都一般，但是有一点是其他人无法比的，那就是他能把比自己聪明的人留在自己身边做事，这和他的性格有很大的关系。在他的身边，员工们的思想自由，不会因为上级和下级的关系察觉到上级的缺点而不敢去说，他们会勇敢地说出自己的意见，而这位领导者也虚心地去听，以至于整个公司都融成一团。这种虚心向员工学习的精神，真的能够让员工们产生敬意。

有句话叫作"当局者迷，旁观者清"，企业领导者自身的缺点，想要发现却很难，但是员工们将其缺点看得透彻，提出来的建议都是精华所在。所以，企业领导者应该要将员工们的建议放在心上。

## 自己包揽一切只能让自己疲惫不堪

好的领导者懂得向助手或员工授权，以充分地调动他们的主观能动性去完成工作任务，而不是自己包揽一切，结果使自己疲惫不堪。

## 第八章
### 带人要善授权：让每个队员都成为自己的主人

放权是什么？放权就是把权力的重心下移。

懂得放权，就是懂得用人。

换一种说法：领导者最大的资本是什么？当然是权力，有了权力，领导者才能实施有效的管理。但是，有很多的企业领导者却并不善于运用手中的权力，把自己的权力看得太重，什么事都不放心，都要亲自过问才行。这种管理方法导致的直接后果是：领导者成了最忙最累的人，但是管理的效果却并不乐观，是典型的出力不讨好。

三国时的诸葛亮是一个很有智慧的人，但他的智慧仅于出谋划策，却不能很好地管理蜀国。他凡事都"事必躬亲，呕心沥血"，殚精竭虑为蜀国的事业终生奋斗。但也正是因为此，他不放心放权给属下，怕属下"做不好"，因此他没能培养出一个可以独当一面的领导团队，以致在他死后"蜀中无大将"，从而使得蜀国破败。

美国著名的管理顾问比尔·翁肯曾提出过一个十分有趣的理论——"背上的猴子"。我们来阐述一下他的理论："猴子"指的是企业中各成员的职责，而"背"，则是领导者的职责。当员工进入企业后，领导者按照员工的职责分配给他们不同的"猴子"。员工的职责就是喂养自己的"猴子"，当然，这也是他们的权力。

显而易见的是，员工能够出色地胜任自己的职责，"猴子"健康，企业自然成功；反之，如果员工不能很好地胜任自己的职责，"猴子"不健康，则企业当然问题多多。我们来看，"猴子"的健康与否是直接操纵在企业员工手中的。

问题来了：当一些企业领导者看到一些"猴子"生了病，也就是这些员工无法用好手中的权力的时候，这些领导者们就开始动摇了。他们担心这些

"猴子"员工"照顾"不好，后来者也"照顾"不好，于是就迫不及待地将其接了过来，亲自喂养，他们觉得这样才是最保险的，可以让"猴子"尽快康复，却不知道如此的做法恰恰犯了企业领导者的用人大忌：不把权力下放给员工，自己肩上的担子越来越重，而员工却失去了成长的机会。

由此，这些员工们将不再有独立解决问题的能力，变成事事处处"听命令、等指示"，失去主动性和独立性。这些员工们会变得不再去操心怎样把工作完成得更好，"反正有领导的安排，怕什么！"领导一声令下，他们就动起来；领导不发话，他们就不知该做什么了。

松下电器公司之所以能取得显赫的成绩，和其独到的权力下放体制分不开。松下公司一直认为，任何一个公司要想创造非凡的成绩，都离不开全体员工的共同努力、协同进取，所以每个员工都有权力为公司的前途着想，为公司尽责尽力。

在松下公司的发展历史上，也曾出现过短期的局部失控现象。虽然在当时及时扭转了局面，可是给松下也留下了极为深刻的教训。

松下电器在那段时间里发展得极为迅速，当发展到1400多人规模的时候，公司总部采取的策略是把工厂的日常管理交给得力的人去负责。因为厂子没有相对独立，领导者没有太大的权力，事事都得向松下总部的领导者汇报。

权力没有下放，厂子的领导者无权可施，导致责权划分不明，问题一出一大堆。

松下高层开始反思，并寻找原因：虽然各工厂都很尽力，但走一样的路，未必会得到一样的效果。可是各工厂的待遇却是一样的，这不公平。没有充分的权力，优秀的人才发挥不了最大的功效，而平庸的人也仍然混迹其中。

# 第八章
带人要善授权：让每个队员都成为自己的主人

如此一来，懒惰、不思进取的陋习开始泛滥，直接导致工厂效益下滑。

松下总裁得出的结论是：用人，就是把权力下放给部下，给他们充分的信任，这样才会让优秀的人才得到尽情的发挥，并使他们长久留在公司。

美国著名的管理咨询专家艾德·布利斯有一句名言："一位好的领导总是有一副忧烦的面孔——在他的助手脸上。"布利斯这句话的意思是说，好的领导者懂得向助手或员工授权，以充分地调动他们的主观能动性去完成工作任务，而不是自己包揽一切，结果使自己疲惫不堪。

## 别让员工过度依赖你

很简单，别让你的员工过分依赖你，给他们足够的空间，让他们成长，不仅是对他们负责，也是对你的企业负责。

很多时候，外力不值得完全依赖，自立自强才是最重要的。在企业管理中，领导者可以给自己的员工一种外力的保护。当员工们还太弱小，不能独自披甲上阵的时候，需要领导者给予适当的保护。但请记住，这种保护只能适当，保护程度浅了，他们有可能会被企业发展的车轮所淘汰；但如果过度保护，却会容易使他们变成依赖性太强的"小鸽子"，成为永远也长不大的弱者。

从心理学的角度来讲，过分依赖别人的心理主要表现为缺乏自信心，从而放弃了对自己大脑的支配权。这类人最显著的特点是没有主见，总觉得自己能力不足，难以胜任一项任务，甘愿置身于从属地位，跟在别人背后行事。

其实生活中过分依赖别人的人随处可见。小孩子依赖性强，过分依赖父母，因为他们没有独立生存的能力；小学生依赖性强，过分依赖老师，因为他们才懂事，对一切都处于懵懂状态，老师在他们心目中无所不能。

还有一些人依赖性强，他们因为没有自信心，会对正常的生活、工作感到漠然和不知所措，甚至会感到吃力，极度缺乏安全感。在工作中，他们就会过分依赖自己的领导。

小张大学学的是电气自动化，找工作的时候，她凭借自己的文艺特长和在学校社团的经历，很轻松地应聘到一家大型外贸公司做经理秘书。这家公司给她的福利和各方面的待遇都很不错，她也暗自感到幸运。

因为有了这种想法，小张很珍惜这个来之不易的机会。她努力地工作，总是尽量把自己分内的事做到最好。但是很快她却发现，在自己的周围，比自己漂亮、比自己优秀的同事比比皆是，大家都在努力的工作。

她的心开始动荡起来，她固执地认为，自己在各方面都不如别的同事，随时会有可能被淘汰掉。她的自信心开始大受打击，刚到公司时的那股拼劲儿荡然无存，终日处在一种朝不保夕的惶恐状态之中。

在工作中，经理对她不错，什么事都刻意照顾。她觉得经理很赏识自己，并开始幻想，只要能紧紧依赖着这棵"大树"，别的都不重要。只要听话，经理会给自己创造一个发展的好机会的。

从这以后，她在工作的时候不再积极主动，什么事都依赖经理，等着经理给自己安排任务，等着经理告诉自己处理的方法。她觉得只要听从经理的安排，按照经理的话去做，就是最好的工作态度，经理就会喜欢。她深信唯

# 第八章
## 带人要善授权：让每个队员都成为自己的主人

有如此，自己才能紧紧抓住这份工作。

可事实上真是如此吗？

好景不长，没过多久，经理突然跳槽去了另外一家大公司当领导，走的时候还"语重心长"地对小张说："你是个很不错的年轻人，相信在我手下的工作经历，一定可以让你胜任很多重要的工作，好好干。"小张觉得这很像是一个玩笑，在这一刻她才发现，在经理手下做事的时候，她把经理当成了自己的全部依靠，居然没有学会一点儿可以让自己独立工作的经验。

她知道，在残酷的职场生活中，以她这样的工作经验，注定还只能是一只还不太会飞的小鸽子。

领导者是员工们的主心骨。当一些企业员工初到一家公司的时候，很容易把自己的领导当作是"长征"中的前辈。这本来也无可厚非，但麻烦就麻烦在，他们会把领导当作是自己在这家公司扎根的全部依靠，从而过分依赖领导者。

这个时候，就需要领导者来把握这个度了。你的员工可以依赖你，你教他们技能、给他们方法、告诉他们路的方向，让他们不至于如同瞎子摸象一样摸索着成长，而是快速而稳健地前进。如果能做到这些，那么恭喜你，作为领导者，你的用人绝技更精进一步了。

但是，如果这个度过了，他们变成过分地依赖于你，无论大事小事、难事易事都看你的眼色来做，自己不再思考，没有一点儿主心骨。你在企业里，他们会做；你不在企业里，他们就做不了。那么很遗憾，他们对你的过分依赖，使你肩上的担子更重，什么事都得亲力亲为；使他们自己停步不前，不再进步，甚至退化。当然，也会使你所在的企业蒙受无形或有形的损失。那么，领导者到底应该怎样做才恰当呢？很简单，别让你的员工过分依赖你，给他们足够的空间，让他们成长，不仅是对他们负责，也是对你的企业负责。

## 信任员工但绝不是放任员工

信任是一种理解和依赖，而放任则是一种散漫和纵容，我们不能把两者混为一谈。作为领导者我们一定要谨记，不要从对员工必要的信任走到了放任这个极端。

作为一名优秀的领导者，我们强调用人不疑，疑人不用，信任自己的员工，适当地放权给他们。但这并不是说我们就要对其听之任之，放任他们在权力范围之内做出一些不利于企业进步、不利于社会进步的事情。

从某方面来讲，信任是领导者对员工的品质、能力的充分肯定。作为一个领导者，你既然选择相信你的员工，那至少证明了在你的心里，他是一个可堪重任的人才。所以你才放权给他，并对其委以重任。

但领导者需要明白一点，信任是一种理解和依赖，而放任则是一种散漫和纵容，我们不能把两者混为一谈。事实上，两者就是从字面意义上来理解也是相去甚远。作为领导者我们一定要谨记，不要从对员工必要的信任走到了放任这个极端。

对员工信任有利于我们把工作做好，有利于员工能力的进一步提高，也有利于企业的健康发展。那么放任呢？过分地放任你的员工，不仅会损害你

## 第八章
### 带人要善授权：让每个队员都成为自己的主人

作为一个优秀领导者的形象，而且还会把事情办坏，更甚者会使企业蒙受严重的损失。

在中国的历史上，赵高是一个知名人物。谈起史料里有名的宦官，他是第一人。赵高从一个小小的宦官起家，对于秦二世胡亥来说，赵高最辉煌的政绩是和李斯一起伪造了秦始皇的诏书，逼死了秦始皇的长子扶苏，另立始皇幼子胡亥为帝。

我们可以很公正地说，赵高实际上也是一个很聪明的人，不然不会玩那么深的权谋之术。

因为功劳甚大，所以秦二世胡亥对其是极为信任。胡亥相信赵高不会害自己，所以放给了赵高极大的权力，任命其为丞相。

但是胡亥错了，赵高这个时候虽然没有害他，但由于他的过分信任，使得赵高独揽朝政大权，结党营私、滥发徭役、横征暴敛。他对赵高从信任变成放纵，终于造成了天下怨声四起、民心尽失的局面。

但即使到了这个时候，胡亥还是在一味地放纵赵高，他仍然觉得赵高是自己的心腹，是值得信任之人。可笑的是，最终胡亥还是命丧于赵高之手，而一统天下的大秦王朝也最终覆灭。

这个例子也许有些过大，作为领导者，我们不可能是胡亥，而我们的员工也不可能是赵高。但这个例子所彰示的道理我们却须谨记：信任不等于放任。你可以相信你的员工，并对他们委以重任，但是在原则问题上，在对企业的整体利益上，你一定不能失了度，使信任变成放任。如果那样的话，可真是得不偿失了。

那么作为一个领导者，我们应该怎样防微杜渐，防止自己对员工从信任变为放任呢?

首先,我们要让我们的员工执行需要随时汇报的工作。作为领导者,在工作中我们不能不管不问,不和员工进行沟通交流,而是要反复留意员工的工作状态,随时给予指导。

其次,我们要眼观大局,学会控制大局,防止整体工作中有所疏漏的环节,在员工没有觉察的情况下多对他们进行提点。尽量不要死板教条,教导员工们要学会以变应变,帮助员工快速成长。

最后,也是最重要的一点,领导者要和员工以诚相待,哪里出现问题了,要尽心尽力帮助他们解决,充分赢得员工的依赖感。

如此一来,作为领导者,我们就会在工作中、在放权中和员工很快建立起良好的信任关系,而且坚不可摧。但请记住,这样的信任关系得之不易,一定要努力维持。有了这些信任,就已经够了,我们还可以再深入一点,和员工们做好朋友。但是,绝对不可以放任。

也就是说,不能让员工们做出一些不利于个人、不利于企业发展的事情。我们不能碍于这得来不易的信任关系而睁一只眼闭一只眼,对其不管不问。如果这样做了,那我们和胡亥还有什么分别?

信任不等于放任。在这里,我们可以给出一种很好的方案来解决这一问题,那就是监督。我们信任员工,放权给他们,但是手中还要握有大权。在我们利用大权调控全局的时候,要时刻保持清醒的状态,留心注意员工们的动向。当发现问题的时候要很明确地给员工们提出来,并加以解决。

# 第八章
## 带人要善授权：让每个队员都成为自己的主人

## 要避免越级授权管理

领导者经常越过下级进行管理，会使下级失去很好的锻炼机会，从而难以快速成长。当然，还有一点也很重要，越级管理会使企业内部的信息产生紊乱。

在现代化的企业当中，都有一定的管理层级，正常的管理需要领导者在下达命令和管理指令时按照管理层级逐级进行。但是在实际的管理过程中，许多领导者却往往喜欢跨越管理层级进行越级指挥，对部下的部下指指点点，而且还美其名曰提高管理效率。

一个正常的企业内部都是领导者对直系下属传达指令。然而有一天，顶头上司还没有传达指令，但是上司的上司的指令却直接传过来了。如果你是员工，你会怎么想？你肯定会有一阵子惊愕："这是怎么回事？怎么头儿不跟我们安排任务了？为什么头儿的上司要把这条指令传达给我？"

你的惊愕可能会持续一阵子，然后会忽然转过弯来："是不是头儿要不干了？所以上面就不再让他传达指令？对了，也许是上面想让我接替头儿的位置呢，要不然，怎么这个指令没有传达给别人，偏偏传给了我？"

你一阵子猜测揣摩，还能安心工作吗？恐怕有些难吧！或许经过这次事情之后，你就不再愿意听从上级的指挥，而是一直在等着上级的上级来指挥你。你会有很大的优越感和荣誉感，感觉受到了上上级的青睐，已经高人一等了。如此一来，你的直接上司在你面前还有威信和权威吗？

　　一旦领导者在员工面前失去了威信和权威，那么他以后的工作指令将很难再顺利下达。员工们会对领导者的指令评头论足、迟疑执行，更有甚者会产生对抗情绪。如此这般，领导者的工作将很难再进行下去。

　　领导者经常越过下级进行管理，会使下级失去很好的锻炼机会，从而难以快速成长。

　　当然，还有一点也很重要，越级管理会使企业内部的信息产生紊乱。这很容易理解，也许领导者越级指挥的时候，他的员工并不知情，还在按着自己原来的计划进行管理。两种不同的管理方案同时下达给一个小团队。如此一来，这个小团队不乱才怪。员工们都会有一个疑惑：到底该听谁的好呢？

　　这可以说是越级管理的一大害处了。许多领导者对于上级的越级管理很是反感，但却又无可奈何，于是就会产生消极怠工的心态，并以此来进行无言的对抗。如此一来，企业能不乱吗？而且这是一个恶性循环，长此下去，企业的管理只能是越来越乱。

　　有一天，狮王的肚子饿了，就想找个部下给自己打只野羊回来。平常这事都是副手负责，不过正巧这会儿副手不在跟前，于是它心血来潮，独自走到一个强壮的年轻狮子跟前对它说："孩子，我肚子饿了，快去给我打只野羊回来，我会为你加油的。"

　　年轻的狮子看了狮王一眼，想说什么却又没有说，低头跑了出去。

　　半天过去了，年轻的狮子还没有回来，狮王等得有些着急了，就开口询问副手。

　　副手也是一只成年的雄狮，它听了狮王的话后，长叹了一声说道："陛下，那头给您打猎的狮子可能回不来了。它前几天被野羊的角给刺伤了，伤

## 第八章
### 带人要善授权：让每个队员都成为自己的主人

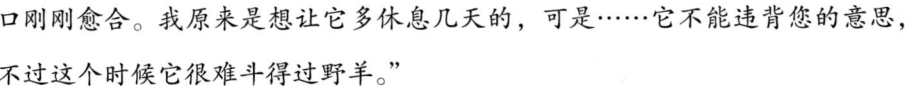

口刚刚愈合。我原来是想让它多休息几天的，可是……它不能违背您的意思，不过这个时候它很难斗得过野羊。"

那头年轻的狮子果然没有回来，它在猎杀野羊的时候被野羊踢到了伤口上，一命呜呼了。

不要越级对部下的部下指指点点，有时候，这样做不但得不到你想要的结果，反而可能会让你付出一定的代价。

作为一名优秀的领导者，我们应当时刻谨记越级管理的危害。可能我们站得很高，但是摸着石头一级级地向山下走，才是最安全的。

第九章

带人要会激发：让每个队员都激发出无穷的潜能

如果用冰山来比喻人的潜能，它有90%都是沉在水面下未被开发的，而漂浮在水面上的10%，就是展现出来的各种能力。一个企业领导者如果善于进行人的潜能的挖掘和发挥，那么将有效地提高工作绩效、增进企业的创新能力，减少企业冗员数量，造就更加良好的企业文化氛围。因此在企业注重人本管理的今天，潜能的发挥对于一个企业的成长与发展无疑具有更加重要的地位。

第九章
带人要会激发：让每个队员都激发出无穷的潜能

## 多多栽培，懂得给员工提供发展的平台

员工能否忠诚于一个企业，他们又为什么要忠诚贡献，其中最关键的因素是，在他们的成长道路上，作为领导者是否能够对他们多多栽培。

一颗树种，要成长成一棵参天大树，适当的土壤和环境是起决定性作用的。对企业的员工来说，也是如此，当一个领导者把一个人才招募到企业时，就如同播下一颗树种，只有为他提供适当的平台，他才能发挥出全部的才能，为企业创造利润。但是不幸的是，许多领导者只知道一味地向员工要效绩。

例如，有些企业过分强调工作的效率，往往把员工在工作中需要做的知识总结的时间、改进或创新需要的思考和讨论时间等都忽略了。这些都是重要但不紧迫的事情，如果这些时间被剥夺了，看起来短期影响不大，但很可能令那些勤恳上进、胸有大志的员工产生再干下去也没有发展前途的感觉，于是在失望中寻找新的企业。

因此，除了为员工提供升值和培训的机会外，领导者还要从长远着手培养员工，给员工提供一个良好的平台、一份长远发展的事业，提供可持续发展的机会和空间，这样会让员工感到选择企业不只是选择了一份工作，更是选择了自己一生的事业，如此自然会全力以赴地投入工作。

### 给你一个团队，你会怎么带

可以说，谷歌取得的成功源于其创办人——当时还是学生的拉里·佩奇和谢尔盖·布林非凡的想象力。时至十几年后的今天，谷歌已然发展成为拥有2万名员工、市值高达200亿美元的全球搜索引擎霸主，其成功的秘诀还在于他们重视人才，努力给每一位人才提供发展事业的平台。

作为信息产业，创新是一种持续性的生产力。为了鼓励创新，谷歌鼓励员工在上班时间尝试不同的事情，员工可以利用20%的工作时间做自己工作以外的事情，这可以理解成一个星期一天或是每五个星期一个星期，拉里·佩奇认为"总结提炼、分享学习、使用和创新，需要给员工一些时间"。这一点很特别，公司很多产品就是在这20%的时间里开发出来的，比如谷歌新闻和谷歌电邮。

另外，谷歌还鼓励员工们通过自主创新发展自己的事业，这可以是内部创业，也可以是外部创业。员工外部创业时，谷歌创业管理机构会根据投入的创业基金、创业者的智力和技术等划分股份，作为合资方入股新创立的企业。当然，新创立的企业一旦赢利就必须按照比例与谷歌分成，成果显著。

就这样，谷歌对每一位年轻人都充满了吸引力，谷歌优秀的计算机科学专家遍及世界各地，谷歌精彩的创新也来自四面八方。

员工能否忠诚于一个企业，他们又为什么要忠诚贡献，其中最关键的因素是，在他们的成长道路上，作为领导者是否能够对他们多多栽培。有多少企业愿意让一线工作人员，特别是骨干人员，将10%~20%时间花费在创新上或知识传承上呢？重视眼前利益，而忽略长远利益，很难留住人才。

一个企业人何以拥有成功人生？这是一个目标管理的问题。企业在高速发展一段时间后，就会发现，员工专业能力稀释了，导致了质量问题、成本

## 第九章
### 带人要会激发：让每个队员都激发出无穷的潜能

控制问题、客户满意度问题、员工流失率问题。这时候，企业就不得不调整目标，放慢发展速度，加强员工专业方面的训练，调整几年，再重振旗鼓。也有些快速发展的企业，因为员工能力和创新跟不上竞争的要求，就倒下了。

鉴于此，领导者一定要及时了解员工对环境的需求和想法，尽力提供有利于其施展才能的环境，给予有能力的员工一定的发展空间，鼓励他们勇敢地创新，大胆地尝试，自由地发挥，让他们有充分的自由去做一些自己想做的事情，实践自己的一些想法，这对于企业只有益处没有害处。

当然，要给员工一个发展事业的平台，还要注意把员工放到合适的地方去。

## 给员工不断地提出高标准高要求

能力出众、斗志昂扬的员工更喜欢迎接挑战，如果领导者能不断地提出高标准的目标，为他们提供新的成功机会，他们的潜能就会不断的释放，进而作出更为优秀的表现。

自古以来，就有这么一个传说：鲤鱼只要跳过龙门，就可以变成龙。鲤鱼的祖宗把跳龙门的事一代一代传下去，告诉自己的子孙，并且鼓励它们去跳龙门。这不仅是出于"望子成龙"的心理，也是因为在鲤鱼家族里如果能有一条鲤鱼成了龙，岂不是全族的光荣？因此，世世代代，年年月月，鲤鱼们都去跳龙门。

可是，没有一条鲤鱼能跳过龙门。河里的乌龟劝告鲤鱼说："'鲤鱼跳龙门'，这是不切实际的痴心妄想。你们应有自知之明，何必去白花力气呀！"鲤鱼回答说："不错，我们鲤鱼至今还没有能跳过龙门的，但因为这样高标准要求自己，锻炼了我们鲤鱼跳跃的本领，所以我们才能胜过河里所有的水族，登上跳高冠军的宝座。"

尽管没有鲤鱼能够跳过龙门，但是"跳过龙门就能成龙"这一目标，一直激励着世世代代的鲤鱼们不断地跳龙门，正是这样一种高期望值的激励措施，练就了鲤鱼们跳跃的本领与生存的才能。联系到企业管理，只有不断地提高要求，利用高期望的愿景激励机制，才能最大限度地引爆员工的潜能。

在实际工作中，不少领导者们会发现这样一个问题，有些员工原本是能力出众的，而且工作热情也很高，但是工作时间一长，尤其是有所成就之后，他们就会满足现状，不再积极进取，很多还沦为不起眼的人。面对这种员工，领导者应采取的激励办法正是：不断地提高要求，发展员工的能力。

能力出众、斗志昂扬的员工更喜欢迎接挑战，如果领导者能不断地提出高标准的目标，为他们提供新的成功机会，他们的潜能就会不断的释放，进而作出更为优秀的表现。美国一位名为克雷格的管理顾问说："设立高期望值能为那些富有挑战精神的贤能之士提供更多机会，这是激励人才的关键。"

IT行业的元老级人物堪查尔斯·西蒙伊、史蒂夫·鲍尔默在微软的成长历程就是很好的例子。

1980年，西蒙伊加盟微软公司，之前他已经在IT行业取得了不俗的成绩，他原以为自己在微软的工作会很轻松，但是很快他就发现比尔·盖茨给他的工作多么富有挑战——进行电子表格程序、贸易图形显示程序和数据库应用程序软件的创作。微软提供的舞台让西蒙伊找到了挑战自我、挑战极限的

## 第九章
### 带人要会激发：让每个队员都激发出无穷的潜能

快感，最终他凭借自己的努力完成了3个软件的创作。

微软从1981年开始开发Windows操作系统，当时已经是微软商务经理的鲍尔默挺身而出，承担起开发的责任。盖茨只说，如果软件不能在1985年春天之前上柜台销售，他就要鲍尔默走人。在当时这个挑战性的工作几乎是一个不可能完成的任务，不过鲍尔默却体验到了挑战的快乐，最终他没有辜负盖茨所望，1984年11月成功地把Windows3.0推向市场，不仅使自己声望大增，还赢得了总裁的位置。

对此，盖茨解释道："微软觉得，有一套严格的制度，你就会做一个很规矩的人，但你的潜力发挥到70%就被限制住了，微软要每个人都做到100%。特别是做软件，需要人的创造力，所以微软有一种激励的文化，如果你现在的情况能做到70%，那公司给你资源，公司给你方向，公司给你鼓励让你去达到100%。"

当企业给员工的资源也够了，待遇也够了，奖励也够了，那么员工还追求什么呢？在微软，这个答案是唯一的，那就是对员工不断提出更高的要求，让他们开展挑战性的工作，为他们提供新的成功机会。

的确，一个真正吸引人的企业应该是一个能够让员工不断挑战自我的企业。喷泉的高度不会超过它的源头，思想的高度决定人生的高度。一个人只有不断的挑战，才能使自己的思想更积极，眼界更宽阔，进而激发内在的潜能，那么，未来的高度就有可能"会当凌绝顶，一览众山小"。

更为重要的是，被委以重任的员工在激励的鼓舞下，能够深刻地体会到领导层对他的信任和期望，能够感受到自己晋升的可能，从而激发出强大的精神动力，不遗余力地投入工作，进而形成良好的企业文化氛围，人人都对自己抱有较高的期待，人人都渴望更大的成功，这对企业无疑是非常有利的。

因此，对于自己的员工，尤其是满足现状的员工，领导者要学会不断的提高要求，给他们提供新的成功机会。当然，这里需要掌握一定的度，过度的期望则会加重员工的心理负担，令人惶恐不安，有时还会产生反抗的心理。

## 给员工提供进步发展的空间和余地

培训能让员工觉得自己是有用之才，更是有效的沟通方法，能使得员工的行为模式、思维模式和企业的经营理念达成一致，进而实现员工利益和企业利益的统一。

企业经营的目的是什么？相信绝大多数的领导者会给出这样的答案——"赚钱"，即让企业正常发展壮大，然后获利。这种说法并没有错，但是领导者若一味地依照这一目标经营企业，那么是很难激发起员工的工作积极性的，也是很难留住人才的。

因此，领导者要想提高员工的竞争力，并将他们的力量有效地凝聚起来，要使他们更好地为企业服务，最好的办法是树立"经营即教育"的观念，对员工进行一定的教育和培训，支持员工提升自己的专业水平。培训能让员工觉得自己是有用之才，更是有效的沟通方法，能使得员工的行为模式、思维模式和企业的经营理念达成一致，进而实现员工利益和企业利益的统一。

"帮助别人发挥他的潜力，一方面是我们道义上的责任，另一方面对我们的业务也很有帮助，"某跨国企业的首席执行官说，"人生应该有抱负，充满

# 第九章
## 带人要会激发：让每个队员都激发出无穷的潜能

学习欲的人是欣欣向荣的，他们是快乐的人，他们也必定是好员工。充满学习欲的人有进取心，有想象力，一家公司如果有很多这种员工，这家公司一定不会打瞌睡。"海尔的领导者张瑞敏曾对他的管理人员这样说过："员工刚进入公司素质不高，不是你们的错，但一段时间后，员工的素质还是不高，就肯定是你们的错。"可见，对员工的培训是多么重要。

有些领导者也不是没想过要对员工进行培训，但是培训就得有投入，他们会存在这样一种疑问：企业注重了培训，更多地投入培训管理，那么员工会不会"学有所成"以后离开自己的企业？如果员工离开的话，这岂不是给企业造成了浪费？这确实是一个比较矛盾的问题，但是我们应该看到，员工的专业技术水平提高了，才能够更好地为企业服务，为企业创造更多的价值。如果仅仅是怕他们提高了跳槽，那说明这个企业自己就没有底气，自己的基础就差，这种企业留下来也没意思。而且，这样做会造成恶性循环：员工愈是能力不足，这样的管理愈是失败。

基于此，如果你认为企业里的每个人都应该发挥他最大的潜力，来使企业繁荣发展，那么，适当的训练是绝对必要的。具体说来，就是为企业内部的员工提供各种大量、灵活的培训方式，增加员工的学习机会，让他们更有效地提高自身能力与素质，从而促进企业的快速发展。

一份工作除了能够养家糊口外，还能促进个人成长，这是让员工备受鼓舞，并且终生受益的，而且这对企业的可持续发展也是非常有利的。可见，企业培训是一项有意义而又实实在在的工作，对于激发员工的主人翁意识，培养企业的团队精神大有裨益，而这种团队精神正是企业的管理之魂。

利用员工培训来激励员工的积极性是员工激励最有效的手段之一。要想经营好企业就必须集合众智，使得每个员工都把自己当作企业的经营者，做好应做的工作，并在取得成功的过程中体现自身的价值，领导者就必须要树立一种"经营即管理"的观念，在平时的工作中加强对员工的培训。

那么，领导者如何加强对员工的培训呢？以下五个原则是必须遵循的：

1. 岗前培训至关重要

实践证明，开展培训的最佳时机应该是新员工进入企业之初，在激发新员工的工作热情的同时，还能加快员工进入工作状态的速度，增强新员工对企业的了解和认可，并且让他们及早地设定自我目标。如果不能把握岗前培训的最佳时机，新员工就会对企业产生距离感，无疑这对企业是不利的。

在这里，最重要的是对企业文化的介绍，包括企业的经营理念，企业的发展历程和目标，通俗地讲，就是告诉新员工企业是什么样的，在同业之间的地位如何，最主要的竞争对手是谁，企业的发展目标和方向，等等，这些至关重要。

2. 重视员工的培训请求

培训的目的是想让每一个参与培训的人员得到知识的补充和技能的提高，因此其主动性十分重要，领导者一定要对员工的培训请求十分重视，因为这是最好的培训时机，一旦员工发现自己在工作中存在不足并且亟待解决的时候，请求培训往往是他们首先作出的反应，抓住他们的需求，能起到事半功倍的作用。

比如，一些新员工急需的就是技能上的提高和公共知识的补充，但是对于老员工来讲，这些已经对他们构不成任何吸引，他们自然不会重视培训的机会，进而使激励效果大打折扣。这时候，领导者不妨先找到他们的问题，然后再刺激他们的需求，才能有效地制定出合理的培训方案，有的放矢。

3. 要为员工拟定培训计划

毫无疑问，如果让员工自己凭感觉或者靠有限的经历去摸索提高自己的工作能力，效率低是肯定的，而且一旦他们被困难所阻，就会丧失信心，甚

# 第九章
## 带人要会激发:让每个队员都激发出无穷的潜能

至对企业产生反感。即使能勉强应付,也会形成不少不良习惯,给以后的工作带来麻烦。如果领导者能够有预见性地为员工拟定培训计划,自然会起到事半功倍的效果。

### 4. 培训形式多种多样

狭隘单一的职业培训会使员工产生厌烦,甚至抵触情绪,因而培训的形式要全方位、多层次。事实上,培训的形式是多种多样的,简直是无处不在,贯穿在日常工作的每一个细节中,因此领导者不一定要选派员工出去参加固定的培训班,也不一定要请专家前来讲课。抽时间和员工坐在一起聊天,说说新近发生的事情,这种谈话都可以被视作一种培训。因此不要吝啬你的语言和想法,哪怕它们很不成熟,而在这个过程中对事件的不断完善则可被看作是对每个人最好的培训。

### 5. 重视员工培训的导向性

给员工的培训以及帮助员工实现自己的目标,前提是把员工的个人发展目标和企业发展目标有机结合,让员工明白在努力为企业工作的时候也是在实现着自己的目标,从而激发其主人翁的意识。因此,领导者对员工的导向是非常重要的,通过各种培训潜移默化灌输给员工,员工就会朝着这个方向发展。

## 给员工提供足够的晋升机会

有专家研究发现,人才,特别是高级人才在看待一项工作时,最看重的是事业上的成就感,也就是自己是否有晋升的机会。

在企业中，让员工原地踏步是不可取的。因为每个员工都很重视工作上的成就感和自己的发展空间，不给员工晋升的机会，这给员工的感觉是你不信任他，不放心他，怀疑他的能力，他肯定是不会尽心竭力去工作的，跳槽也就是自然而然的事情了。正如美国密歇根大学工商管理学院教授戴夫·沃尔克所说的："员工在一段时间内会关注薪水，但如果员工对工作失去了兴趣，单单靠金钱是不能留住他们的。"

那么，我们怎么让员工一直对工作保持兴趣，选择留在企业中呢？制定有效的晋升制度！

不要怀疑这一点，在我们身边有这样一些人，他们辞掉收入较高的工作而跳槽到收入相对较低的企业工作。为此，有关研究人员曾针对150个高级职员的跳槽行为进行了调查，调查结果显示其中41%的人是因为晋升的机会有限，25%的人是因为他们的业绩没有得到赏识，只有15%的人是因为钱的因素。

有专家研究发现，人才，特别是高级人才在看待一项工作时，最看重的是事业上的成就感，也就是自己是否有晋升的机会。行为科学家赫兹伯格的双因素理论也指出：工资、工作条件、工作环境等属于"保健"因素，不具有很强的激励作用，而工作成就、发展前途等因素才是真正的激励因素。

要真正留住人才，使人才有用武之地，就得靠晋升来激励员工。那么，领导者如何制定有效的晋升制度呢？概括起来，职位晋升有四种方法：

1. 职位阶梯

职位阶梯是指一个职位序列列出了职位渐进的顺序，序列包括每个职位的头衔、薪水、所需能力、经验、培训等能够区分各个职位不同的方面。领导者以这些职位阶梯为指导来水平或垂直地晋升员工。有了职位阶梯，员工

## 第九章
### 带人要会激发：让每个队员都激发出无穷的潜能

的任职资历就将成为其是否被晋升的依据。

**2. 职位调整**

职位调整的目的在于晋升那些职位发展空间非常有局限的一小部分员工。领导者会从他们中选择晋升候选人，而不会考虑其他资历更老的员工。如果这一小部分员工中没有合格的人选，并且该团体并没有达到其承诺的目标，那么领导者宁愿从外部招聘也不会晋升不属于这一部分的员工。

**3. 职位竞聘**

职位竞聘是指允许当前所有的员工来申请晋升的机会。其好处在于增强了员工的动力，同时减少了由于领导者的偏爱而产生的不公平晋升的可能。然而，职位竞聘意味着大量的文字工作和过长的竞聘时间，领导者必须作出正确的判断，排除不合格的员工，而且必须对被淘汰的应征者作出合理解释。

**4. 职业通道**

职业通道是指一个员工的职业发展计划。对企业来说，可以让企业更加了解员工的潜能；对员工来说，可以让员工更加专注于自身未来的发展方向并为之努力。这一职业发展计划要求员工、领导者共同参与制定。员工提出自身的兴趣与倾向，领导者对员工的工作表现进行评估，并且负责评估其未来的发展可能。

一般来说，资历和能力是领导者作出晋升决策的基本依据。资历可以从员工服务年限、所在部门以及工作岗位来衡量；能力可以从技能、知识、态度、行为、绩效表现、产出、才干等方面进行衡量，总之能力衡量是一个复杂过程。不同类型的企业以及同一企业中不同的等级所需的能力结构是不一样的。

除了衡量员工能力之外，在作出晋升决策之前，领导者还有必要首先评估新工作本身。明晰该工作目前和未来存在的问题，并设立短期目标；评估该工作所需的知识、技能和个人品质。最佳的候选人应该达到新职位的最低标准。基于这样的系统评估方法，领导者就能够找到最合适的任职者。

不过，晋升制度一定要讲究公正公平原则，让所有的员工都有平等的机会，绝对不能晋升不称职的员工。不公正、不公平的晋升会引起员工的抵触、猜疑和担心，使得企业的正常运作被打断，让企业的效率低下，从而影响到最终目标的实现。为此，不妨鼓励员工进行职位竞聘，所有员工都可以加入到晋升选择中去。这样，可以使员工得到很好的激励和回报，并实现企业绩效得到改进的目的。

总之，晋升机制是对企业领导者和员工的一种良好激励，实施得好，能形成良好激励氛围，提升个人和团队的业绩，留住人才。领导者在平时的工作中，要多多对员工进行晋升方面的帮助和培训，做到扶上马并送一程。

## 要懂得把未来的愿景说给员工听

愿景是一个打工者奋斗的动力，是促使其努力工作的兴奋剂。一个成功的领导者要做到，把未来的愿景说给员工听，让员工相信"跟着领导有饼吃"。

一个优秀的领导者，一定是一个善于描绘未来的人，一定是一个善于用企业愿景激励员工的人。因此，领导者激励员工的一个重要方法就是在未来愿景上下功夫，能够将大家所期待的未来愿景着上鲜丽的色彩，并用充满自信且热情洋溢的话语，向员工描述企业广阔的发展空间。

## 第九章
### 带人要会激发：让每个队员都激发出无穷的潜能

当员工了解到企业的优势和发展目标及企业的美好前景后，他们在做决策的时候，脑子里会有明晰的最终结果，而且对下一步该做什么也将变得清晰了。在这种文化氛围下，员工就可以作出明智的选择，并且激发出工作热情和实现目标的强烈渴望，全力以赴地朝着愿景前进，最终达成目标。

关于愿景的重要性，企业管理专家给出了这样的解释："愿景，目前已经成为企业领导者所必需的一种职业期许，企业领导者具备并树立了自己的愿景，才能让员工更好地得到一种发展的设想与空间，才能更好地建立团队稳定性与战斗力，从一定程度上延长团队寿命！"

一本讲述领导力的著作中也有一句类似的话："领导者就是商人。只不过他卖的不是一般的商品，而是希望！他们与员工的关系很明显：我把希望给你，你把支持给我。不管是国家领导者还是企业领导者，一个成功的团队领袖，首先就要是个伟大的造梦者，依靠梦想来引导大家前进。"

通俗地讲，一个普通的上班族，其最大愿望无非是追求物质上的满足，衣食住行的高档消费品、可靠的红利及带薪假期等就是他所期待的愿景。愿景是一个打工者奋斗的动力，是促使其努力工作的兴奋剂。一个成功的领导者要做到，把未来的愿景说给员工听，让员工相信"跟着领导有饼吃"。

不可否认，愿景在本质上是一种看不见摸不着的企业文化，但是一个强有力、形象生动的美好愿景对员工的激励作用不容低估。员工越了解企业未来的愿景，归属感越强，企业就越有向心力。

那么，领导者该如何向员工描绘愿景呢？

1. 重视员工对愿景的看法

作为企业的领头人，领导者必须明确要把团队带到哪里去。不论你最初是如何起草愿景的，重要的是你先要得到员工对愿景的看法和相关信息，只有这样才能运用团队成员的知识和技巧，从而创造出真正激励人心的最佳愿景。

为此，你可以问员工以下几个问题："这个愿景令人感到激动和鼓舞吗"、"这个愿景对你有指导意义吗"、"你愿意为具有这样愿景的组织工作吗"、"你能看到你与愿景的契合点吗"、"这个愿景会帮助你确立工作的优先顺序吗"、"我们还遗漏了什么，我们应该去掉什么"……

2. 愿景必须要明确具体

一场长跑，是需要一步步地往前跑的，而长跑运动中需要有分阶段的目标和供给。每一个愿景都堪称是伟大的，都不是一蹴而就的，正因如此，将愿景进行分解就更显其必要性。因此，领导者不但要为员工描绘美好的愿景，而且要保证愿景必须是明确的，要干什么，达到什么程度，都要清清楚楚。愿景必须是具体的，用什么办法去达到，什么时候达到，要明明白白。把愿景和实实在在的工作结合起来。员工知道自己在做什么，也知道为什么要这样做，他们自然就会毫无疑惑地追随。

3. 领导者应身体力行

一个团队或一个部门，犹如一艘航行于大海中的轮船，作为这艘船的领导者，应成为何种角色，是船长还是舵手，是摆在每一位领导者面前的问题。因此，为了共同愿景的实现，领导者必须身先士卒、身体力行，发挥"头雁"的作用。对于领导者来说，这个共同愿景也应该是你的个人愿景，而且领导者的个人愿景在共同愿景中占有很重要的地位，这就更需要身体力行，进而激励员工行动了。

《圣经》里说：没有愿景，民就放肆。这话的意思是说，如果没有希望和愿景，人心就散了，队伍就不好带了。企业的领导者就是要给员工描绘一幅美好愿景，让大家朝着这个方向迈进。如果你不能给员工带来希望和愿景，你就不是一个好的带队者，队伍迟早要垮，或者，你被人取代。

# 第九章
带人要会激发：让每个队员都激发出无穷的潜能

## 给每一个队员都设立竞争对手

一个有上进心的员工最怕的是没有对手，如果没有对手，他就容易看不清自己能力上的缺陷，就会失去进取的动力，也就无法激发自己最大的潜能。

每一个人都有被尊敬的需要和成长发展的期望，其潜在心理都希望自己"比别人站得更高"，或"比别人更重要"，从心理学上来说这种潜在心理就是自我优越的欲望。即使一个人的竞争意识很弱，也会有这种欲望。当出现了特定的竞争对象时，这种自我优越的欲望就会更加鲜明。

一个有上进心的员工最怕的是没有对手，如果没有对手，他就容易看不清自己能力上的缺陷，就会失去进取的动力，也就无法激发自己最大的潜能。很多员工能力出众，工作表现优秀，却常常抱怨工作没劲，其中缺乏竞争对手是主要原因之一。

所以，管理者要善于利用员工的这种心理，给团队的每一个人设立一个竞争的对象，让员工知道竞争对象的存在和超越对方的重要性，从而激发起他们争强好胜的竞争意识，并且让他们体会到竞争带来的快乐。当员工们你争我抢、全力以赴地为企业作出贡献时，领导者的工作也就做到极致了。

那些聪明的领导者都深知这一点，所以他们会时常利用员工的这种自我优越的欲望，为其设立一个竞争的对象，让对方知道竞争对象的存在，进而轻易地激发起员工的工作热情，让他们主动展开竞争，工作效率自然就会提高。值得一提的是,这种方法不仅适合单个的个体,也同样适合团队。

下面的故事就是很好的例证。

琼斯先生是温哥华一家航运公司的总经理,他提拔了一个非常有能力、有潜质的人到一个生产落后的船厂担任厂长。可是半年过后,这个船厂的生产状况依然不能达到生产指标。为了激励工人们完成规定的生产指标,他曾用了加大奖金力度、优胜劣汰等多种激励方法,但怎么也不见效果。

这一天琼斯先生站在办公室门前,沉默着。这时恰逢换班时间,白班工人们已经陆陆续续走出车间,晚班工人们则准备交班。"给我一支粉笔,"琼斯先生说,然后他问旁边的一个白班工人,"你们今天完成了几个生产单位?""6个。"只见琼斯先生走到车间门前,在大门上写了一个大大的、醒目的"6"字,然后一言未发就走开了。

当夜班工人们进到车间看到这个"6"字时,就问白班工人是什么意思。白班工人回答:"琼斯先生今天来这里视察,他问我们完成了几个单位的工作量,我们告诉他6个,他就在墙壁上写了这个6字。"

次日早晨,琼斯先生又走进了这个车间,夜班工人们已经将"6"字擦掉,换上了一个大大的"7"字。下一班白班工人看到了墙壁上的"7"字,说:"哼,夜班工人比白班工人好,是不是?好,给他们点儿颜色瞧瞧!"他们全力以赴地工作,下班前留下了一个神气活现的"8"字……就这样,该船厂的生产状况逐渐好起来了。

琼斯先生利用工人们"好斗"的本性,不仅巧妙地解决了该厂完不成定额的难题,还使工人处于自动自发的工作状态,最终的受益者是不言自明了。

由此可见,当企业发展不尽如人意,员工们士气不振时,假如领导者能

第九章
带人要会激发：让每个队员都激发出无穷的潜能

够给员工们设立一个"假想敌"，设立一个可以竞争的对象，那么就可以有效激发员工们的竞争意识，使他们的能力得到充分发挥，进而帮助企业扭转困境。

不过，树立"假想敌"是一柄双刃剑。如果员工们在竞争中打败对手取得胜利，固然会促使他们产生更强的工作积极性。但是，如果怎么追赶都不及"假想敌"、屡遭失败，反而会使员工的自信心受挫，导致工作积极性不增反降。

因此，领导者在给某些员工选择"假想敌"时，最好选择比他们成就或能力方面强一点点的人，双方实力不要相差太多，努力一点就能赶上，让员工能看到进步的希望，能体验成功的喜悦，他们自然就会在工作中全力以赴了。

## 要懂得强化员工的荣辱意识

自尊心是人的重要精神支柱，是进取的重要动力，与人的荣辱意识有着密切联系。因此，强化荣辱意识，首先要激发员工的自尊心。

刘铭是某文化公司的经理，他经常率领员工们阅读《论语》、《孟子》等："子曰：巧言、令色、足恭，左丘明耻之，丘亦耻之。匿怨而友其人，左丘明耻之，丘亦耻之"、"无羞恶之心，非人也"……这些话大意是说做人不能说假话、做假事，要把荣辱放到与人格同等重要的位置。

对此，刘铭给出了自己的解释："在过去一段时间部门及职工急功近利思想严重，工作上只求形式，不讲内容；做事脱离实际，好摆花架子或只动动嘴皮，这给公司带来了不小的危害。公司要发展就要树立求真务实的工作作风，让员工们知道什么行为是值得提倡的，什么行为是应该杜绝的。"

果然，一段时间后，员工们深刻地认识到做事要从实际出发，实事求是，与时俱进，开拓创新。他们时刻以公司兴旺为荣，以公司衰败为耻，心往一处想，劲往一处使，最终推动着公司从一个胜利走向另一个胜利。

就企业内部的员工而言，只有员工具有较强的荣辱意识，才能有赶超别人的愿望和冲动，领导者使用竞争激励的效果才好；相反，如果员工荣辱不分，或者荣辱意识不强，不分美丑黑白，觉得先进并不光荣、落后并不可耻，那么竞争激励就成了一句空话，企业就会是死水一潭。

古人提出了不少有关荣辱的格言，如"宁可毁人，不可毁誉"，"宁可穷而有志，不可富而失节"，"立大志者，贫贱不能移，富贵不能淫，威武不能屈"，等等。这充分说明古代的仁人志士将荣辱放到了与人格同样重要的地位。

从古至今，人们始终通过强烈的荣辱意识来维系基本的文化价值。莎士比亚说过："我的荣誉就是我的生命，二者互相结为一体；取去我的荣誉，我的生命也就不再存在。"在这里生命与荣誉结为一体。朱熹也说："耻者，吾所固有羞恶之心也。有之则进于圣贤，失之则入于禽兽，故所系甚大。"

问题的关键是，每个人的荣辱意识各不相同。有的人荣辱感非常强烈，而有的人荣辱意识则比较弱，甚至还有的人几乎不知荣辱。因此，要让竞争发挥出其应有的激励功能，领导者必须强化员工的荣辱意识。

我们知道，荣辱意识的前提是知荣辱，这就涉及了自尊心的问题。自尊

## 第九章
### 带人要会激发：让每个队员都激发出无穷的潜能

心是人的重要精神支柱，是进取的重要动力，与人的荣辱意识有着密切联系。因此，强化荣辱意识，首先要激发员工的自尊心。

根据有关的分析，员工自尊心的表现程度大致分为三种类型。

1. 自大型员工

对于自大型的员工来说，他们的荣辱感极强，甚至表现为受"荣"而不能受"辱"，并且他们的荣辱感往往带有强烈的嫉妒色彩，他们不能正确地看待同事之间的竞争，这就要求领导者对他们加以正确引导，以防止极端情况的发生。

2. 自勉型员工

对于自勉型的员工来说，其荣辱意识也比较强，他们大多能够正确地看待荣辱之事，而且一般能够自觉地督促自己近荣远辱，这时只需要领导者稍加引导就可以了。

3. 自卑型员工

自卑型的员工，大多对自己没有信心，妄自菲薄，情绪低落，这样就不能深刻地体会荣辱的意义，进而影响到激励效果，对此领导者必须通过教育、启发等各种办法来激发其自尊心，尤其是要引导其认识自身的能力和价值。

强化荣辱意识还必须明确荣辱的标准。究竟何为"荣"，何为"辱"，领导者应当让员工有一个明确的认识。在现实中，荣辱的区分确实存在问题。比如说，有的人把弄虚作假当成一种能力，而有的人则对此嗤之以鼻；有的人把直言直语看作是无能的表现，而有的人则认为这是忠诚老实的反映。所以，领导者应当让员工分清正确的荣辱界限，这样才能保证竞争机制的有效性和正确方向。

此外，强化荣辱意识还必须使其在工作过程中具体表现出来。领导者可以在平时的工作中通过一些奖励先进者、批评落后者的活动，让员工们看到：

进者荣，退者辱；先者荣，后者辱；正者荣，邪者辱，这样他们的荣辱意识就能得到增强了，其进取之心也必然会得到增强。

## 要使员工具有危机忧患意识

聪明的领导者，要使员工在顺境下也保有危机感，保持忧患意识，始终坚持不懈地努力。所谓居安思危，未雨绸缪，有备无患就是这个道理。

当一个员工的工作激情衰减到对企业的危机无动于衷时，这个企业也就同步衰败了，这也是许多优秀企业的短命根由。

其实，每个员工都是一块宝藏，蕴藏着巨大的潜力，但这种潜力的发挥和周围的环境是息息相关的，过于舒适或平静的环境并不利于潜力的发挥，反而是在环境比较恶劣或受到某种外在刺激的情况下，潜力才会像火山爆发一样，喷射出无穷的智慧能量来。所谓"生于忧患，死于安乐"，便是这个道理。

20世纪60年代，佳能公司采取多种经营方式打入计算器市场，公司研制出的键盘式计算器试销后获得成功，这使得员工们大松了一口气，甚至觉得高枕无忧了。但好景不长，没过多久，佳能在与卡西欧推出的小型计算器的竞争中连连失利，于是公司又研制新型计算器再次上市，但由于研制仓促，产品缺乏合理性，结果销路不畅，此时又正值第一次石油危机爆发，佳能出现巨额赤字，濒临倒闭。

# 第九章
## 带人要会激发：让每个队员都激发出无穷的潜能

挽救败局成为此时最为紧要的事，董事会最终决定，把企业遭遇的危机告诉全体员工，让他们知道企业处于危险的境地，唤起他们的危机感，振奋员工的士气以背水一战。于是，公司向全体员工发出危机警告。那些身心放松的人、高枕无忧的人都重新变得紧张了起来，继而员工小组加强活动，新建议、新方案层出不穷。危机激发出了许多智慧，如何挽救佳能成为员工日常议论的话题，员工们充分发挥自己的主动性和积极性，结果佳能很快就走出了困境，重振雄风。

危机虽然可怕，但却是让员工展现自我，挖掘员工潜能的最有效的武器。商场上可能有积极进取的常胜将军，却不可能有故步自封、恃才傲物的常胜将军。面对现今激烈的市场竞争，面对残酷的淘汰机制，任何一位企业领导者和员工都应该持有一种危机感，持有一种忧患意识。

需要注意的是，身处逆境和困境，危机迫在眉睫，自然谁都会有危机感。可是，真正的危机感强调的其实是一种心理状态，其存在的前提不一定是事实的逆境和困境。聪明的领导者，要使员工在顺境下也保有危机感，保持忧患意识，始终坚持不懈地努力。所谓居安思危，未雨绸缪，有备无患就是这个道理。

一个富人说："21世纪，没有危机感是最大的危机。"日本日立公司甚至曾主动制造危机，这是一项人事管理的权宜之计，它虽然节省不了什么经费开支，但可以使员工意识到自己手里捧的不是铁饭碗而是泥饭碗，稍不注意饭碗就被砸了，从而避免被自身的惰性俘虏，增强忧患意识及竞争力。

总之，在企业发展过程中，领导者如果能从改变员工的惰性这个角度入手，适时地制造一些危机，引导员工去克服它们、战胜它们，这对员工和企业的发展来说，却不失为一件好事。

## 优胜劣汰是激发员工竞争意识的一种策略

市场经济条件下，员工间竞争如同逆水行舟，不进则退。优胜劣汰、适者生存是激发员工竞争意识的一种策略。

为了增强企业的活力与竞争力，在企业内部的用人机制上，领导者需要遵循适者生存、不适者淘汰的原则，及时地裁减冗员，将那些不胜任工作的员工淘汰下去。这样一来，一方面减轻了企业的负担，另一方面也使留下来的精英时刻有一种危机感，也就是"今天工作不努力，明天努力找工作"。

百事可乐公司是一个成功运用优胜劣汰用人法则的世界性大公司。该公司的产品行销全球，在国际市场上长盛不衰。该公司主管韦恩·卡洛韦被问及是如何取得这一切成就的时候，肯定地回答：坚持优胜劣汰的用人法则。

卡洛韦对他的员工大多数都了如指掌，他亲自制定下属各类人员的能力标准，每年至少一次和他的下属共同评价他们的工作。如果这个下属不符标准，也许会再给他一段时间以观后效；如果已达到标准，就会在第二年习惯性地提高要求。经过评估，公司的工作人员一共被分为四类，采取四种对待方式。第一类，最优秀者将得到晋升；第二类，可以晋升但目前尚不能安排；第三类，需要在现有的岗位上多工作一段时间，或者需要接受专门培训；第四类，最差者将被淘汰。

## 第九章
### 带人要会激发：让每个队员都激发出无穷的潜能

无独有偶，日本的松下公司每季度都要召开一次各部门经理参加的讨论会，以便了解彼此的经营成果。开会以前，公司领导会把所有部门按照完成任务的情况从高到低分别划分为A、B、C、D四个等级。开会时，由A级部门首先报告，然后依次是B、C、D级报告。这种做法就充分利用了人们的竞争心理，这样一来，所有人都会努力提高业绩，因为谁也不愿意排在最后。

中国家电第一品牌海尔集团也是一样，他们将优胜劣汰的自然法则作为激励法，而且还直接把企业变成了"赛场"，让每位员工参赛，提出"变相马为赛马"的用人理念。海尔的"赛马"包括三条原则：一是公平竞争，任人唯贤；二是适职适能，人尽其才；三是合理流动，动态管理。对人才的任免考核讲求公平、公正、公开，简称"三公"，绝不搞"暗箱操作"。在这里，只要进入公司的员工都可以参赛，所有的人都是赛手，所有的岗位都是赛场，人人都能升迁，而且向社会全面开放，不分年龄大小、身份贵贱、资历高低，只要有技能、活力、奉献精神和创新精神，这里就是人才驰骋的赛场。也就是说，只要员工工作绩效突出，又具备相应的素质能力结构，可以胜任较高职位要求，那么员工个人就可以按照规定的步骤得到升迁和提升。

不过，凡事不能走极端，走极端必然走向反面。优胜劣汰制是以员工竞争为基础，竞争搞过头了，也会走向反面，导致同事之间的关系紧张，使企业陷于一种人心惶惶的氛围，团队合作几乎没有，员工心理也背负巨大压力。因此，领导者在使用前一定要慎而又慎，必要时不妨使用"末位淘汰"制。

"末位淘汰"是指对某一范围内的工作人员实行位次管理，规定在一定期限内，按特定的标准对该范围内的全部工作人员进行考核并据此排出位次，将位次列在前面的大多数予以肯定和留任，而将居于末位的一个或几个予以否定和降免职的制度。淘汰末位者不是孤立的，而是保留比被淘汰者合适的、优秀的人员,同时让出位置给新的比被淘汰者合适的、优秀的人员。

当然,末位淘汰的目的并不在于员工的流失,而是给员工施以压力。在末位淘汰的压力下,员工为了免遭淘汰,继续从事原有的工作,得到原有的待遇,就会加倍努力,进而使员工之间产生强烈的竞争气氛。末位淘汰的另一优点就是可以直接单纯地优化队伍,不断地为企业补充新鲜血液,保持活力。

不过,领导者在进行末位淘汰时要注意保证公平性和合理性,否则不仅会失去人才,还会引起其他员工的恐慌,使他们得不到肯定且没有安全感,很容易引发一系列负面效应,甚至导致企业的不稳定。

总之,市场经济条件下,员工间竞争如同逆水行舟,不进则退。优胜劣汰、适者生存是激发员工竞争意识的一种策略,领导者在实践中必须结合自身的实际情况和管理需求来贯彻这一管理理念,使企业永远充满活力,进而处于不败境地。

## 让员工知道企业的真实状况

对于大多数员工来说,知道企业的实际情况永远比不知道要好,即使他们听到的是坏消息。因为这个时候,员工都能够根据现实情况而不是按照自己的想象来处理问题。

我们常说:"员工能与企业同甘共苦,那么企业必定是优秀的。"作为企

# 第九章
## 带人要会激发：让每个队员都激发出无穷的潜能

业的领导者，最希望的就是员工能够团结一致，为企业作出奉献。但说起来容易，实现起来就有难度了。

在企业出现严重危机的时候，领导者应该开诚布公，让员工知道企业面临的真实情况，这有助于领导者和员工团结一致、同心同德。所以，让员工知道企业发展情况的权利是赢得员工支持、大力促进企业团结的有力方式。

20世纪90年代初，波音公司的产品产量大幅下降，企业出现了前所未有的危机。为了让企业走出发展的低谷期，波音公司的领导者们经过一阵商议，决定采取"以毒攻毒"的方式，将企业的危机原原本本地告知全体员工。通过讨论，波音公司决定通过自曝惨状的方式刺激全体员工，以求获取全体员工的支持。

为此，波音公司先行拍摄了一部靠虚拟方式进行播放的新闻片子，画面是：在一个天色灰暗、让人备感压抑的天气里，公司很多的员工垂头丧气、拖着沉重的步伐，从工作了多年的工厂黯然地离开了，而厂房上还挂着一块"厂房出售"的牌子；公司的播音喇叭正在进行广播："今天是一个特殊的日子，它宣告着波音企业的终结，波音公司已经关闭了最后一间厂房。"

员工们看到这部虚拟的片子之后，都强烈地意识到市场竞争的残酷无情，市场经济的浪潮随时都可能会将企业吞没，只有团结一致地拼搏，才有可能在这大浪潮中杀出一条属于自己的路，开创一片天地。否则，这个虚拟的场景就有可能变成现实。

这个时候，波音总公司的老总就告诉公司的各位员工："如果我们公司不进行彻底的改革，这一天仍将到来。"波音的前总裁菲利普·康迪特也说："我们的根本目的是为了确保在10年之后还能在电话簿上查到自己的公司。"

当员工们得知公司陷入了前所未有的危机当中时，深知如果不积极面对，危机只会更加严重。所以,员工们更加努力地工作,同时注意节约公司的每一分钱,充分利用每一分钟,从而使得波音的飞机制造业迅速发展。仅在当年,波音飞机制造厂制造飞机的成本就减少了上亿美元,经营成本也降低了1/5 到 1/3。

当波音公司的发展出现危机时,企业的领导者选择的并不是掩盖公司面对的危机,而是让企业的员工都感受到危机,以此激发出员工的忧患意识和艰苦奋斗的精神,终于帮助企业顺利地渡过难关。

在企业的经营过程当中,企业难免会出现很多难以解决的问题,但这个时候千万不能隐瞒,要将真实的情况告知每一位员工。如果领导者不能将企业的有用信息告诉员工的话,就有可能让员工陷入困境。对于大多数员工来说,知道企业的实际情况永远比不知道要好,即使他们听到的是坏消息。因为这个时候,员工都能够根据现实情况而不是按照自己的想象来处理问题。及早地公布真实情况,可以让员工尽快地适应新生活。

同时,开诚布公,让员工知道企业的实际情况,可以让员工感到领导者将自己视为自家人,这就可以激发员工内心的自豪感和企业主人翁意识,可以更好地让员工为企业发展奉献自己的力量。

# 第十章

## 带人要会协调：让队员之间和谐融洽地工作

人与人相处的过程中，永远不可能平平静静，磕磕碰碰的矛盾，不论在什么时候都无法避免。对一个团体而言，人与人之间的冲突是造成团体当中紧张、动荡的重要原因之一。一个合格的企业领导者在这个时候就需要有能够处理矛盾的能力。身为企业的领导者，更应该善于利用冲突带来的有利因素，进而带动整个团体积极工作。

# 第十章
## 带人要会协调：让队员之间和谐融洽地工作

## 加强自身的协调能力

加强协调能力既可以使领导者本人工作起来更加顺畅，同时也可以提高员工的绩效，增强企业的凝聚力和竞争力。

协调能力是领导者应当掌握的一门艺术，这种能力从来都不是可有可无的，而是领导者必须具备的一种能力。因为员工之间的矛盾很难自己解决，产生了矛盾，如果领导者对此置之不理，那么，员工就容易受到影响，自然工作效率也会受到影响。

所以说，协调是一种展现领导者能力与领导艺术的关键一环。它是领导者的一项工作内容之一，也是领导者采取一些措施和方法，使自己管辖范围内的内部与外部环境融合、一致，实现高效工作的一种行为。

由此来说，协调的重要性不言而喻，对于一个企业而言，领导者没有良好的协调能力，就不可能有成功的企业。加强协调能力既可以使领导者本人工作起来更加顺畅，同时也可以提高员工的绩效，增强企业的凝聚力和竞争力。因此，每个领导者都应当重点培养自己的协调能力。

中国有一句俗话叫"家和万事兴"，其实，这句话不仅适用于家庭方面，在企业中也同样适用。无论在哪一个企业中，矛盾都是存在的，领导者面对矛盾，绝对不能视而不见，一定要想方设法协调双方矛盾。

一天，王总走过来对李强说："明天客户部要新来一位主任，你们好好配合一下。"李强心不在焉地"嗯"了一声。

王总感觉到了李强心里的不痛快，说到底，李强也是跟着自己三年的老部下了，王总也想升他为客户部主任，但是，李强计划性不好，而且情绪也不是很好，坐这个位置并不适合，而新来的这位主任无论在计划还是在心理素质方面都很适合。

第二天，新主任来了，李强一看，这位新主任还比较年轻，看起来也就是30多岁，心想，这么年轻，资历也没自己老，倒可安心很多。

然后，新主任开始给大家布置工作任务，他策划了一个销售计划，大家都觉得很不错，但是唯独李强唱反调地说道："现在这个时候，花那么大的力气做促销，有意义吗？"新主任阐述了一下自己的观点，大家也都点头表示赞同，但是，李强却依然说："你刚来公司，对我们的产品有多少了解？"这一番话显然具有挑衅的味道。

从那天起，两人的战争就拉开序幕了。

王总曾分别找他们两人谈话，提醒他们要多合作，不要激化矛盾，可李强就是不听，依旧和新来的主任对着干。新来的主任情绪很受影响，工作也难以进入状态，最后，两人形同路人，部门绩效也受到了影响。

王总夹在两人中间，感觉很为难。

在这个故事中，出现矛盾的双方是李强和新来的主任，范围比较狭小，此时，领导者应当运用管理之术妥善化解两人之间的矛盾冲突，而不能束手无策。领导者可以把他们两个人叫到一起，双方进行一次开诚布公的谈话，

## 第十章
### 带人要会协调：让队员之间和谐融洽地工作

坦诚说出自己对对方的看法，然后领导者在中间协调。如此，有利于问题的解决，而且双方也会感受到领导者的一片苦心。

如果矛盾双方之间的关系已经到了水火不容的地步，此时，无论领导者说出怎样的肺腑之言都难以使两人和好，最明智的办法就是分开两人，让他们在无情绪的环境开始新的工作，降低他们相互干涉的程度。

那么，领导者在协调关系、化解矛盾的过程中，应注意哪些问题呢？

首先，要让员工明白合作是领导者非常重视的方面。其实，在职场中，像以上两位员工之间的矛盾屡见不鲜，同事在一起的时间甚至要多于家人在一起的时间，所以，领导者必须要让员工意识到"合作"才是取得成绩的条件之一，单打独斗是难以赢得发展的。

其次，立场要中立。在管理中，领导者一定要一碗水端平，不要重视一方而轻视另一方，让员工感受到自己客观中立的立场，员工才会信服你，你的调和才会有效。

最后，向矛盾双方阐明自己的意见。领导者可以找一个合适的机会与他们谈话，告诉他们，两人之间的矛盾已经使其他员工受到了影响，很多员工都认为现在的环境很乱、很压抑，如果他们不想让其他人受到连累，就要和平共处。

## 没有"冲突"和不同的意见就难有活力

对当今的领导者来说，如果一个企业没有冲突，那么这个企业就难以有活力，作为领导者要鼓励员工发表意见，这是一种领导时尚。

冲突在某种情况下可以变换为一种激励的因素。当企业中没有不同言论、不同见解时，虽然此时不会产生冲突，但员工们却可能缺少了自我分析与评价的能力，潜力难以得到发挥，长此以往，企业也将陷入"意见一致"的瘫痪中。

员工之间通过发表各自不同的言论，可以为企业提供一种积极献策的氛围，进而挖掘出员工的潜力。这种意见方面的冲突反而会刺激员工在工作中的兴趣与好奇心，在一定程度上反而形成了一种勇于交流、发表意见的局面，而从另一个侧面来说，这也提高了员工的紧迫感。

在通用公司的历史上，有两位不得不提的重要人物，由于他们对冲突和矛盾的看法不同，结果通用公司在他们的带领下出现了截然不同的两种局面。

一位是威廉·杜兰特，他喜欢独断专权，在重大决策方面总是喜欢让员工按照他指定的方式行动，他十分反感那些和他意见相悖的人，而且更是讨厌那些当众顶撞他的员工。

结果，在他的"英明"领导下，公司从不会发出反对声音，有的仅仅是"赞同"，结果四年之后，通用陷入了危机之中，杜兰特也不得不离开了公司。

另一位是被称为"组织天才"的艾尔弗雷德·斯隆，他是通用发展史上非常具有威望的领导者。

曾经，他是杜兰特的助手，然而在后来的工作中升任到杜兰特的职位。他十分清楚杜兰特存在的缺陷，并积极努力地修正这些错误。

在他的意识中，没有完全正确的人。每作一项决策，他都先听取其他员工的意见，鼓励争论和发表不同的观点。这种领导方略使他取得了极大的成功，他也成为通用史上的风云人物。

## 第十章
### 带人要会协调：让队员之间和谐融洽地工作

从这件事中，领导者应该认识到，不可以独断专行，要允许并鼓励不一致意见的出现。对当今的领导者来说，如果一个企业没有冲突，那么这个企业就难以有活力，作为领导者要鼓励员工发表意见，这是一种领导时尚。

当然，在当今的管理中，我们也提倡"合作"与"共识"，但是这并不等于压制其他员工的意见，而是鼓励大家在提出不同意见的时候最终找出一种合理而有效的办法，达成合作共识。不同意见越多，那么最后作出的决策就越高明。

被誉为"日本爱迪生"的盛田昭夫在担任副总裁时，曾与当时的董事长田岛发生了一次冲突。

田岛气愤地说："盛田，你我想法不同，我不喜欢留在一个一切都按照你的意见工作的公司里，我更不希望看到我们总是为此而发生争吵。"

而盛田却回答说："田岛先生，如果我们的意见完全一致，那么，我们俩就没必要在同一家公司领两份薪水了。我们的意见不同，如此，公司出现错误的风险才会降低。"

对于领导者来说，不要总是被一时的"相同意见"遮住双眼，甚至还要有意制造一种"意见不同"的现象。任何一个人的想法都难以达到全面，也不可能总是正确。而出现了不同意见的冲突和矛盾也正是对自己做出修正的良好机会，如果你能合理协调，这种冲突和矛盾将会为企业的发展创造一种良好的氛围。

给你一个团队,你会怎么带

## 妥善地处理和化解队员之间的矛盾

妥善地把握好调解的时机,可以让冲突双方有冷静下来的时间。所以,当员工之间产生矛盾的时候,明智的做法不是立马出面调解,而是装作置之不理,等时机成熟的时候再出面调解。

人与人相处的过程中,永远不可能平平静静,磕磕碰碰的矛盾,不论在什么时候都无法避免。对一个团体而言,人与人之间的冲突是造成团体当中紧张、动荡的重要原因之一。一个合格的企业领导者在这个时候就需要有能够处理矛盾的能力。身为企业的领导者,更应该善于利用冲突带来的有利因素,进而带动整个团体积极工作。

当企业当中发生了矛盾的时候,最好的解决方式应该是让每一个人都有泄愤的机会,这样才可以避免积愤成怒,也可以以此来缓和矛盾。

一间客厅在餐桌上摆放了一只大鱼缸,里面有一个假山,假山上长着翠绿的水草随着水波不断地抖动,假山下是水泵,夜以继日地喷吐水泡。在这个鱼缸当中养着一群五颜六色的观赏金鱼,这些鱼形态各异,十分吸引人的眼球。

这群金鱼,大部分的体形较小,有一条鱼眼睛上长着大水泡,个头也比一般的金鱼大上很多。每当主人给金鱼喂食时,这条"大水泡"金鱼总是最

# 第十章
## 带人要会协调：让队员之间和谐融洽地工作

先抢到，它食量极大，经常将大部分的食物吞掉，小鱼们费尽力气，也只能抢到一点点的食物，它们因此只能饿着肚子。但"大水泡"是它们当中体形最大的一只，尽管这些小鱼气得眼泡子都要翻开了，却只能是发发牢骚。见同伴们不能将它怎么样，"大水泡"就更加得意了。

一天，这些小鱼们终于忍不住了，就去跟"大水泡"说："咱们好歹也是住在一起的同伴，做事不要太过分，不能太自私。"

"大水泡"大笑着说："你们要是有本事，大可以将所有的食物都抢走，没本事？那就饿肚子吧！"

小鱼们都十分气愤，为了改变这种状况，这些小鱼们便在私底下酝酿一个报复计划，在接下来的数日当中，它们时时刻刻关注着"大水泡"的一举一动。一天，它们在抢食的时候，趁"大水泡"不注意，狠狠地咬了它一口。但是"大水泡"却毫发无损，身上只是留下一个印痕。"大水泡"就更加得意了，回过头来，带有几分轻蔑说道："抢不到食物，就来咬我？有用吗？还不是没用？"

小鱼们没有在意，游到其他地方去了。过了一段时间，小鱼们又游了回来，在"大水泡"身上的印痕上继续狠狠地咬它。"大水泡"一笑了之，不以为意。就这样，小鱼们每次都咬在"大水泡"身上的同一个地方。过了一段时间，小鱼们惊喜地发现，被它们咬过的地方变得软了，于是它们就借机警告"大水泡"："我们不是要伤害你，只是警告你，不要太贪婪。"

但是"大水泡"对小鱼们的警告依旧是置若罔闻，争抢食物依旧是我行我素。小鱼们见到这个样子忍无可忍，一起冲上去，将"大水泡"狠狠地咬了一顿，"大水泡"惨叫了一声之后，沉下去了。

之后小鱼们就看到主人一脸的无奈，用渔网将奄奄一息的"大水泡"捞出鱼缸，丢到了垃圾桶里。从此，小鱼们再也不用挨饿了。

以上的故事，告诉了企业的领导者们，当团体当中出现了不可避免的冲突、纠纷时，需要及时地将纠纷的源头清除，以求化解矛盾。同时，这也告诫企业当中的每一位员工，要看看自己是不是那些占了别人"口食"的"大水泡"，因为自己的霸道，断了别人的生存、发展之路。

那么，作为企业的领导者，应该怎样及时地化解矛盾呢？

1. 组织员工合理竞争

竞争是让企业员工活跃起来的最佳方式，同时可以让企业组织不断地获得进步。合理竞争，就要求各部门之间能够维持一种正常、平等的竞争关系，以求在最大限度上发挥组织的积极性和创造性，以达成组织的整体目标。

合理竞争，就需要企业各部门不要相互拆台、互锁信息等，同时避开满足现状、不思进取等消极心态。企业的领导者几乎每天都在面对着组织当中的冲突和矛盾，面对这些，绝不能采取回避或者视若无睹的做法。

2. 引导员工彼此谦让

在企业当中的各个部门，员工之间的矛盾是不可避免的，这个时候，企业的领导者就要及时的出现，充当"和事佬"的角色。这个时候，领导者可以通过自己手上的权威告诫大家"彼此谦让"，让双方各退一步，达成双方都可以接受的协议。这对双方而言是最合适的调解方式。在这当中，需要领导者能够不偏不倚，绝不能倚仗手中的职权偏袒某一方。

3. 把握好处理问题的时间

这是指领导者要能以锐利的眼光找到处理问题的最佳时机。这就要领导者能够懂得"欲擒故纵"的道理。先维持现状，进而找到处理问题的时间和方式，这是处理矛盾的最佳方式。因为，如果凭借手中的权力将自己的想法强加给员工，只会激化员工之间的矛盾。这样做，即使员工表面上接受调

## 第十章
带人要会协调:让队员之间和谐融洽地工作

解,心中也会加深隔阂,损伤彼此之间的感情,进而产生更坏的情况。

另外,妥善地把握好调解的时机,可以让冲突双方有冷静下来的时间。所以,当员工之间产生矛盾的时候,明智的做法不是立马出面调解,而是装作置之不理,等时机成熟的时候再出面调解。

### 有些话需要换一种方式来说

有些话不可以直来直去地说,需要换一种方式转个弯去说,这是一种委婉的说话方式,也是人际交往中不可缺少的一种交流艺术,更是维系人与人之间和谐关系的重要手段。

人们常说"说话也是一种智慧"。表述同样的事情,有的人口不择言、横冲直撞,而有的人却言语稳重、迂回前进,当然,其结果也是不同的。

语言就是一把锋利的刀,可以削东西也容易伤人,就看掌握它的人如何使用。孔子有言:"己所不欲,勿施于人。"如果是自己都不愿意听的话,最好也不要说给他人听。说话讲求方式,把不好说的话转个弯说出来,这样才好听,才是真正有素养的说话人。

某地一个村的支部书记带领村里人修路,结果在放炮的时候炸毁了一家农户的果树,这果树可是农户家赚钱的宝贝,农户非常生气地抓住支部书记的衣领要他赔。

## 给你一个团队，你会怎么带

支部书记说，秋后一定赔偿，但是，农户却不答应，农户一家大小一拥而上，把支部书记打了一顿。村里的党员和群众都怒了，要狠狠地整治打人的农户。

开全村大会的时候，打人的农户也知道今天要整治自己，已经做好了心理准备。然而，支部书记首先开口说话，他没有批评打他的人，而是做自我检讨："村里的老少爷们儿，我来村里的时间短，也年轻，很多事情还不懂，需要大家多帮扶、指正。哪件事我做错了、哪个活我安排不对了、哪句话我说得不好了，大家别往心里去，我做检讨。"话说完了，却对被打的事情只字未提。"

后来，打人的农户找到支部书记主动承认了错误，并说："你是领导，为了全村做得对，我就想着自己家，我错了，以后你咋说，我就咋干，再也不闹事了，全听你的。"

村支部书记上台讲话，没有指出农户打人的过错，而是做自我批评、自我检讨。本来自己处于被动的地位，结果此话一说反而将自己放到了主动地位上，反其道而行，一举夺得主动权，这是一种说话的智慧。

某位著名的大师说，在说话办事的时候，不懂得迂回前进，虽然本意是好的，但是往往因为说话太唐突、太直接了，总是难以达到目的。

有些话不可以直来直去地说，需要换一种方式转个弯去说，这是一种委婉的说话方式，也是人际交往中不可缺少的一种交流艺术，更是维系人与人之间和谐关系的重要手段。

通常的时候，人们一般都有这样的经历：你想要用拳头打倒对方，如果伸直了胳膊出击，一定会力量不足，相反，如果你先收回拳头，再猛击对方，力道往往会更好。而说话的道理也在于此。

# 第十章
## 带人要会协调：让队员之间和谐融洽地工作

所以，当领导者在工作中遇到正面难以说服或者难以调和的矛盾时，不妨改变一下思路，避开正面出击，迂回前进，利用以退为进的策略，让矛盾在迂回中得到缓解，往往能够收到更好的效果。

## 运用智慧和影响力及时处理和化解员工间的矛盾

作为一位成功的领导者必须运用你的智慧和影响力及时妥善地解决员工之间的冲突和矛盾，消除他们的不满情绪。这是稳定团队、增强团队凝聚力的保证。

一个企业中，很难存在皆大欢喜的局面，冲突或者矛盾是家常便饭。即使大家在企业中有着一致的目标，但也并不意味着每个部门、每个员工之间的目标和利益是一致的，所以，矛盾和冲突在所难免。

员工之间的矛盾冲突是一种偶然现象，但却不利于团结，也带有一定的消极影响，产生的原因主要是因为某些员工在沟通或者自控能力、情绪、辨别是非方面存在一定的弱点，如果这种矛盾冲突不能及时排解掉，就容易出现不良后果。

所以，作为一位成功的领导者必须运用你的智慧和影响力及时妥善地解决这些冲突和矛盾，消除员工的不满情绪。这是稳定团队、增强团队凝聚力的保证。

## 给你一个团队，你会怎么带

福特汽车公司的一家分工厂因为管理不善，濒临倒闭，后来，总公司派去了一位新的领导，他到任的第三天就发现了症结的所在——如此大的一个工厂里，一道道的流水线像屏障一般隔断了员工之间的交流，过去的领导为了挽救濒临倒闭的工厂，要求员工加班加点地工作而忽略了让大家一起谈心交流的环节，结果工人的热情度降低了，人际关系的冷漠让员工抱怨连连，员工中出现了混乱的局面，人们议论纷纷。

发现这一症结之后，新任领导马上采取措施：以后工厂所有员工的午餐都由工厂承担，希望大家每天中午的时候都能坐下来好好吃饭。这一决定出台后，员工马上意识到工厂到了生死存亡的时刻，应该好好地大干一番了。其实，这只是新任领导给员工们一个交流的机会，希望借此改变彼此之间的冷漠，拉近他们之间的距离。

有时候，中午聚餐的时候，新任领导还会亲自下厨为大家做饭、烤肉，果然，这种融洽的气氛收到了很好的效果，那段时间，员工们谈论最多的就是如何使工厂渡过难关，大家纷纷出主意，找出解决方案。

两个月之后，工厂有了业绩，五个月后，工厂居然开始扭亏为盈。

如今这家工厂一直保持着这样的传统，中午的时候，大家一起聚餐，并由领导亲自下厨烤肉。

正确对待企业内部的员工与员工、员工与企业之间的矛盾，是领导者维系员工的良好心态、维持企业长足发展的关键点之一。因此，作为领导者必须从全局出发，认真对待企业中出现的冲突和矛盾，并妥善处理好这些问题。

如果领导者缺少直面矛盾和冲突的勇气，缺少化解冲突、解决矛盾的能力，就难以找到症结，更难以做好部门的领导工作。那么，作为领导者应当如何做呢？

首先,搞清楚矛盾产生的原因。一个企业中出现的矛盾与冲突,有些时候是没有预兆的,更是超出领导者想象的。此时,如果领导者贸然处理问题,就容易判断错误,甚至恶化矛盾。要在稳定大家情绪的基础上全面调查事情的原委、弄清楚事情的前因后果,分清是非,然后才能做好调解工作。

其次,加强与员工之间的交流。作为领导者要多与员工交流沟通,了解他们的思想,这样,才能很好地掌控员工,化解他们的负面情绪,避免他们出现过激行为,进而也就抑制了矛盾的产生。

最后,多给员工一些交流的机会。产生矛盾的原因是由于彼此之间存在误会,而沟通却能在一定程度上将误会解除掉,使员工们在心平气和的情绪中愉快的工作。

有人说,世界上没有两片完全相同的叶子,同样的道理,世界上也没有两个性格完全相同的人,所以,当领导者发现问题之后,就需要直面冲突和矛盾。如果说冲突和矛盾是一种灾难,那么最好的办法不是解除,而是预防,只有将矛盾冲突化解在萌芽中,那么,你才能够成为员工佩服的好领导。

## 一定要严格抵制谣言传播

在一些企业中,很多领导者都认为,员工传播谣言、散布小道消息是他们娱乐的一部分,不必放在心上,其实,不处理谣言,任其发展传播,更容易伤害员工的士气。

## 给你一个团队，你会怎么带

谣言如同一款游戏：A 拿出一个成语给 B 看，当 B 看了之后，将成语的意思描述给 C，C 又在自己想象的基础上描述给 D，D 再一次通过自己的想象，将成语的意思同 E 描述……以此类推，到 G 时，描述已经发生了极大的变化，已经脱离了成语的本质，甚至相去甚远。

谣言虽然传播很快，但很多内容是错误的，在谣言传播的过程中，无论从真实情况还是虚伪的捏造方面来说，谣言都离真相越来越远，反映的现实也越来越歪曲。

在一个企业中，谣言的传播将分散员工的注意力，松懈团队的凝聚力，是领导者需要抵制的问题。

小刘应聘到一家公司做秘书，刚刚来到公司，同事们都对小刘说："你的这位老总啊，不好伺候。"听了同事的劝告，小刘在工作方面总是小心翼翼，生怕出了问题惹上司生气。

由于小刘工作做得很好，而且也很勤奋，老总觉得她是一位得力的助手，对她很和蔼，经常表扬她工作做得好，一旦其他客户送来茶、咖啡之类的东西，他都会给小刘拿去很多。

小刘此刻正处于暗自高兴之时，却明显地感觉到同事们现在都不大喜欢和她一起说话了，即便走在对面也总是象征性地打声招呼就过去了。午饭的时候，小刘主动约他们一起吃饭，大家也总是找借口推辞掉。她不明白这是怎么回事。

一个偶然的时机，在去休息室冲咖啡的时候，刚刚走到门口，小刘就听到两个同事在说："听说咱们这儿刚来的那个姓刘的秘书和咱们老总搭上了，老总经常给她东西，什么咖啡啊、茶啊，从来都不给咱们。"另一个同事说："现在咱们得小心点儿了，她可是老总安排在咱们身边的眼线。"

## 第十章
### 带人要会协调：让队员之间和谐融洽地工作

此刻，小刘明白大家异常的原因了。于是，气愤的小刘将这些传闻对老总说了，而老总却说："清者自清，浊者自浊，何必为这点儿小事伤脑筋呢，慢慢地，大家觉得没意思了，这种谣言也就消失了。"

然而，小刘却总是对这件事情耿耿于怀。

在一些企业中，很多领导者都认为，员工传播谣言、散布小道消息是他们娱乐的一部分，不必放在心上，其实，不处理好谣言，任其发展传播，更容易伤害员工的士气。领导者应该做的是抵制谣言传播，向员工传递正确的信息。

无论是关于领导者本人还是企业的某一位员工或者是企业本身的谣言，都可能在毫无预期的情况下出现。办公室中的谣言是员工之间矛盾冲突产生的根源，尤其对于领导者而言，它更是一种祸根。但是，谣言是无孔不入的，谣言所到之处，会产生极大的不利影响，尤其是对被中伤的人来说更是一种精神上的伤害，它会影响办公室中本来和谐的气氛，降低员工的工作热情，而你辛苦很久建立起来的团队精神也会在谣言的传播中被破坏，所以，作为领导者必须站出来消除谣言。

那么，领导者如何来消除谣言呢？

第一，了解谣言产生的原因。全面了解谣言产生的根源可以为领导者提供一个很好的依据。

第二，找出谣言的漏洞。这是彻底击毁谣言的关键点。

第三，找出谣言的散播者，但不要对其进行言辞激烈的批评，点到为止是一种不错的批评方法。

第四，为员工提供良好的工作环境。这有利于减少员工的矛盾冲突。

给你一个团队，你会怎么带

## 慎重对待员工打"小报告"的行为

在一个企业中，"小报告"一般都是打给领导者听的，如果领导者是一个昏昏沉沉、是非不分的人，那么，冤假错案也就产生了，而小人的目的也就达到了。

在现实生活中，打"小报告"是指一种有失原则的检举行为，有的是虚构内容，有的是动机不纯，这种行为本身就是不正确的。

从古至今，"小报告"之风一直盛行着，古时候人们称为"进谗言"，与当今人们说的"小报告"的意思基本相同。这样的人为了达到自己不可告人的目的，往往将"小报告"打给那些有影响力的人物。而在一个企业中，"小报告"一般都是打给领导者听的，如果领导者是一个昏昏沉沉、是非不分的人，那么，冤假错案也就产生了，而小人的目的也就达到了；如果领导者是一位刚正不阿、实事求是的人，那么，"小报告"也就无用武之地，企业自然一团和气。

据历史记载，女皇武则天自从徐敬业造反后，便疑心很重，总是认为天下人都想杀她。而且她又长期忙于国家政务，操行不正，知道群臣都对自己不满、不服，为了将这种不满压制下去，于是武则天就想到了一种办法——打开告密的渠道。如果有告密的人，大肆奖赏，即便所告之内容与事实不符，

## 第十章
### 带人要会协调：让队员之间和谐融洽地工作

也不问罪。于是四方告密之风盛行起来，导致人人自危。

无论是在古代还是在当今，打"小报告"总是让人想到"黑暗"、"阴险"、"不道德"。这样的人总是十分火热地投身于对四面八方的窥探活动中，四处搜寻情报，将某些人锁定为目标，然后将其一举一动一一记录下来，到领导者面前，用自己"精彩的演说"评价此人。

人本身就是一个矛盾体，而当人与其他人接触的时候，矛盾自然是不可避免。作为领导者，在每天的忙碌中，一定要谨慎对待员工的"小报告"，切勿因此而使得企业出现一种不和谐的风气。

星期一早上开完会，小刘敲开了经理办公室的门，说要与他私下谈谈。

经理心想，小刘一定是遇到了什么麻烦，于是做好了倾听的准备。

小刘说，老胡太能欺负人了，就喜欢踩着别人向上爬。在工作中，他总是将重要信息收入囊中，不给其他同事共享，而且总是将别人工作中做出的业绩揽到自己的头上，为自己喝彩。经理认真地听着，没有发表任何意见。

小刘最后对经理说："经理，您必须对老胡的工作作风进行处理，而且一定要在最短的时间内处理，否则，后果将不堪设想。"

经理对小刘说："你先回去工作吧，这个情况我会处理的。"

小刘走后，经理陷入了沉思……他明白自己遇到问题了：老胡的为人和实际工作情况他是了解的，事实并不像小刘说的那样。显然，小刘这样打"小报告"，说明这两位员工之间已经产生了冲突，如果处理就必须让两个人都满意，否则只能进一步激化矛盾。

在一个企业中，员工之间的矛盾经常产生，而领导者总是成为这些矛盾的裁决者。正所谓"清官难断家务事",面对员工之间的矛盾,领导者有时也很伤脑筋。如果你是故事中的经理,遇到这样的情况,你会如何处理呢?

第一,应当婉转地遏制这种背地里"打小报告"的行为,不能让这种风气蔓延。

第二,应当马上对"小报告"进行核实,不能轻易地根据"小报告"就做出处理。

第三,处理这类问题一定要有结果,不能不了了之或者有始无终,否则,如果这种"小报告"是虚构的,就容易助长打"小报告"者的气焰,而如果这种"小报告"是真实的,又会错失了对问题的及时处理,容易让员工对你产生质疑。

第四,应该想出一种好的方式,在企业中创造一种犯错后勇于认错的氛围,培养员工敢于担当的责任感,让员工自我反思、自我教育。

第五,建立信息反馈机制,而非员工告状的风气。如果一个员工出现了错误,其他人都去打"小报告",这本身就是一种不健康的企业发展氛围。

# 第十一章

## 带人要会奖励：让员工的积极性得到提升

领导者在对员工的激励当中，万万不能忽视或低估物质激励，而且首要任务就是满足员工的物质需求。薪酬作为金钱的直接体现，是激励员工的起点和基础。只有满足了员工最基本的生存需求，其他更高层次的激励才有发挥作用的空间。对于"拼命往上"的人、"赚钱狂"和追求成就者，"薪酬激励"更为有效。

# 第十一章
## 带人要会奖励：让员工的积极性得到提升

## 注重对"立功者"的奖励

常常"立功"的人大多是一些工作中的拔尖人物，他们才智出众，工作勤奋，成绩喜人，他们的效率是衡量员工工作效率的一个标杆，他们是众多员工的榜样。

当有员工做出一些令企业受益匪浅、引以为荣的事情时，领导者应该懂得及时地给他以重奖，给他实实在在的好处，让他意识到你对他的努力是看在眼里、记在心里、落实在行动上的，以调动他的积极性，促使他更加努力干好工作。

而且，常常"立功"的人大多是一些工作中的拔尖人物，他们才智出众，工作勤奋，成绩喜人，他们的效率是衡量员工工作效率的一个标杆，他们是众多员工的榜样。如果有功者的努力得不到领导者的肯定，那么其他员工还会努力地为你工作吗？干劲不足的员工看到立大功的人都没有得到什么，自然不会产生羡慕心理，更不会有什么干劲了，这就形成了一种恶性循环，很难发挥激励作用。反之，对有功者进行重赏，可以创造一个"先进光荣，落后可耻"的气氛，这样才能在企业中形成榜样效应，有利于提高企业内部的整体效率，保证企业立于不败之地。

## 给你一个团队，你会怎么带

玛丽·凯被报刊称为"娇小女人"、"像木兰花一样好看可爱的女人"，她同时也是一位成功的女老板、化妆品业中的女强人。玛丽·凯的成功和重视对员工的重赏是分不开的，在这一点上她也堪称典范。

为了激励公司推销员搞好推销，玛丽·凯规定：凡连续三个月推销3000美元产品的推销员，可以获得一辆乳白色的奥兹莫比尔轿车。诸如此类的奖品随着推销量的增加而逐级增加，一直到一等奖是一辆粉红色的凯迪拉克轿车，头奖则是一个镶着钻石的黄金制作的黄蜂，并且这些奖品会在公司举行的隆重的"美国小姐"加冕仪式上颁发。这些奖励是真正的重奖，而且与崇高的荣誉连在一起，这无疑大大刺激了推销员的积极性，玛丽·凯化妆品公司的销量与日俱增。

玛丽·凯之所以推出这种重赏奖励，来自于她在史丹利公司工作时的一段经历，那时有些女推销员工作非常出色，因此获得"推销皇后"的奖励，玛丽·凯发誓第二年也要赢得奖赏，后来这个目的真标达成了，可是玛丽·凯得到的奖品却只是一个诱鱼用的水中手电筒，这让她觉得失望极了，哭笑不得。

由此，玛丽·凯深刻地认识到，在公司里，奖励员工的时候绝对不能马虎了事，必须要能舍得下"血本"，要真心体现出优秀推销员的价值。她是个富有想象力的人，于是就有了粉红色凯迪拉克和金黄蜂的出现。

奥兹莫比尔、凯迪拉克和金黄蜂……一个企业能如此豪爽地犒劳自己的员工，令人震撼。如此行事，员工又怎能不用心做事，怎能吝啬付出？这就会形成人人力争上游、争先恐后去立功的良好局面，制造出一批又一批而不是一个或几个立功者，企业兴旺发达也就不是什么难事。

作为领导者，你舍得对员工"下血本"吗？

# 第十一章
## 带人要会奖励：让员工的积极性得到提升

## 奖金是员工绩效最为重要的手段

一套奖金计划能否成功的要素之一便是：使员工相信经过自己的努力可以获得相应的奖励。

奖金是员工绩效和薪酬管理中最为重要的手段，在传统的企业管理中，奖金一般都是平均分配的，人人有份或者轮流"坐庄"。在这种情况下，向员工们发放奖金虽然也是一种物质激励方法，但是实际效果却往往不够理想。在工作中，你是否有这样的经历？得到了奖金，你很高兴，但是你发现那些工作不如你勤奋的人也得到了相同的奖金，你会怎么想？是不是会觉得自己所做的和所得的毫无关系，很快就会不在意自己的工作是否努力？

事实上，一套奖金计划能否成功的要素之一便是：使员工相信经过自己的努力可以获得相应的奖励。因此，只有为员工提供有竞争力的工资，并将员工的奖金与业务目标挂钩，才能发挥物质激励的最大效果。

在爱立信公司，业绩与员工工资没有特别的关系，但与员工的奖金却有很大关系。爱立信员工的奖金与公司的业绩成一定比例，但并非正比例。奖金一般可达到员工工资的60%，对于成绩显著的员工，还有其他补偿办法。

员工在爱立信得到提薪的机会一般有几个，职务提升、考核优秀或有突出贡献。被评为公司最佳员工者和有突出贡献的员工都有相应的奖金，突出贡献奖、最佳员工奖、突出改进奖的奖金额度一般不超过其年薪的20%。

爱立信每年要进行绩效评估，员工队伍的工作也分为几个档级。一般员工按照公司的目标应达到良好，可能有5%～10%的员工工作不太好，通过调整还是可以接受的；还有不到5%的员工确实达不到目标。对这两组人员可能采用激励程序，经理会告诉这些员工：你的工作表现不好，要马上改进。对于做得非常好或者有突出贡献的员工，如果还有潜能的话，可能会提升他们去担任更高的职务。对大部分做得不错的人，公司会保留他们在原岗位上继续工作。

爱立信对公司里每个职务的薪金都设立一个最低标准，即下限。当然，规定下限并非为了限制上限，而是为了保证该职务在市场上的竞争力。据介绍，一般职务上下限的差异为80%左右，比较特殊的职务可能会达到100%，而比较容易招聘的职务可能只有40%的差异，总之有确切的数字可以证明你的成绩。

电讯业巨头爱立信公司正是这么做的，所以他们的员工才会具备那么强大的生产力和忠诚度。建立和完善"奖金与工效挂钩"的绩效管理机制，通过这种机制合理分配员工奖金，充分体现了"各尽所能、按贡献分配"的原则，也就意味着对企业的贡献越大就能拿到越多的奖金，这种激励方法定会使员工的工作积极性空前高涨，企业效益明显增长，企业凝聚力大大增强。

"凡事预则立，不预则废"，如果你已经下定决心运用奖金的办法来激励员工，下一步你就需要建立一套有效的奖金计划，以更好地发挥奖金制的激励作用。以下一些要点，可以使你的奖励计划更加有效：

1. 奖励标准要科学合理

奖金计划的奖励标准必须根据员工的实际状况来制定，而且必须制定得

# 第十一章
## 带人要会奖励：让员工的积极性得到提升

科学而合理，使员工通过努力可以完成，如果太难实现，就很难发挥激励作用；太容易实现，奖金的分量又会降低。另外，员工对于整个工作过程可以控制，自己的努力程度越高，工作绩效也相应提高，从而增加报酬。

2. 计划要明了且易于计算

奖金计划要明了且易于计算，这一方面可以使员工心知肚明，减少疑惑，增加对企业的信任。另一方面对于领导者而言，也清楚明确，便于管理。

例如，对于一个工厂里的工人来说，这一天超额生产了多少产品，他马上可以算出来会得到多少奖金，如果已经超过了定额，他会加快进度，提高效率，以便拿到更多的奖金。对于领导者而言，也可以通过计算快速得知员工可以拿到多少奖金，及时给予鼓励，这样的奖金计划再有效不过了。

3. 设立有效的依据标准

奖金计划所依据的标准必须固定，要规定什么情况下这样的标准有效。一旦确定了标准，领导者便不能随意提高标准或者降低；奖金标准还必须明确具体，给出一个明确的衡量指标，绝对不能含含糊糊，比如要求员工"尽你的所能"，这样即使有奖金计划，也难以发挥有效的激励作用，还有可能引发与员工之间的矛盾。

4. 不断完善规章制度

哲学上说：世间没有不变的事物。在企业发展的道路上，在实施奖金计划的实践中，新问题、新情况必然层出不穷，旧的制度可能会因此而出现各种各样的漏洞。作为领导者应该加以合理性的补充或是大胆进行改革，让制度随着企业的发展而发展，而不应该是一成不变的，否则激励效果会大打折扣，影响企业的发展。

## 要懂得用物质奖励来激发员工

由于工作努力而受到物质奖励,这会使员工认识到领导者在注意他的表现,他会有被承认的满足感和被重视的激励感,进而保持高昂的工作热情和责任心。

《史记·货殖列传》说:"天下熙熙,皆为利来;天下攘攘,皆为利往。"是说人们忙忙碌碌所追求的就是一个"利"字。的确,物质是人类生存的基础和基本条件,物质利益对于人类具有永恒的意义。无论对谁而言,更高的收入总是很有诱惑力的。

所以,领导者在对员工的激励当中,万万不能忽视或低估物质激励,而且首要任务就是满足员工的物质需求。薪酬作为金钱的直接体现,是激励员工的起点和基础。只有满足了员工最基本的生存需求,其他更高层次的激励才有发挥作用的空间。对于"拼命往上"的人、"赚钱狂"和追求成就者,"薪酬激励"更为有效。

最好的领导者总是在员工要求增加工资前做好充分的考虑,他们会积极主动地调查市场,及时地给员工支付相应的报酬,并且尽量保证自己员工的报酬比其他企业要高,这样就可以让员工将个人利益与企业利益结合起来,将宝贵精力和智慧用于实现最好的结果,而不是计较个人的报酬。

# 第十一章
## 带人要会奖励：让员工的积极性得到提升

星巴克公司创建于1987年，仅仅20多年的时间，它就从小作坊变成在五大洲有5000多家连锁店的企业。如此飞快的成长得益于星巴克董事长霍华德·舒尔茨，出身贫穷的他总是把员工放在首位，坚信把员工利益放在第一位，自然会有良好的财务业绩，对员工进行了大量的物质上的投资。

与零售业其他同行相比，星巴克雇员的工资都是十分优厚的。星巴克每年都会在同业间做一个薪资调查，经过比较分析后，每年会有固定的调薪，保证自己的薪资不低于其他公司。舒尔茨还给那些每周工作超过20小时、家境比较困难的员工发奖金，可能钱不是很多，但会力争使员工家里的长辈、小孩得到足够的照顾，这让员工感到公司对他们非常关心，他们对此心存感激，对顾客的服务也就更周到。

20世纪90年代中期，星巴克的员工跳槽率仅为6%，远远低于快餐行业钟点工的14%~30%的跳槽率，曾有媒体说："如果舒尔茨是这个咖啡帝国的国王，那么员工们就是他忠实的臣民。"多年来，星巴克公司连续被美国《财富》杂志评为"最受尊敬的企业"、"最受员工喜爱的企业"，这可以说是实至名归。

除了给予员工合理的薪酬外，领导者还要及时发现在工作上做得正确或者做得优秀的人，并且尽量在第一时间内给予奖励。由于工作努力而受到物质奖励，这会使员工认识到领导者在注意他的表现，他会有被承认的满足感和被重视的激励感，进而保持高昂的工作热情和责任心。

员工做对了或者做好了工作，哪怕只是一个很小的成功，领导者如果能够立刻给予奖赏，而且明确地指出他做对了什么，这样一来，即使是很小的数额也会给他们带来一种极大的荣誉感和自豪感，这就可以有效地鼓励员工像以前一样甚至比以前更加勤奋的工作，保证和累计更大的成功。

给你一个团队，你会怎么带

记住，领导者对员工进行物质奖励的主要目的是使员工的努力有所得、有所获，使员工感到自己的价值得到了领导者的认可和赞赏。要尽量使报酬支付的形式简单化，过程简洁化，让人一目了然，因为事情弄得越复杂，越容易招致员工的不满和争议，这样一来激励的效果就大打折扣了。

## 加大福利方面的资金激励作用

作为一名领导者，你若想激发员工的工作热情，除了给员工提供一定的物质奖励、让奖金与业绩接轨、不时给员工一个意外惊喜之外，还要加大在福利方面的资金投入。

福利是薪酬体系的重要组成部分，高薪只是短期内人才资源市场供求关系的体现，而福利则反映了企业对员工的长期承诺。完善的福利系统对吸引和保留员工非常重要，它也是企业人力资源系统是否健全的一个重要标志。众多在企业里追求长期发展的员工，更认同福利而非高薪。留心观察一下，我们会发现，有一些企业的工资在同类性质的企业中虽然处于中等偏下的水平，但是由于其时时能为员工创造良好的福利仍然吸引了很多优秀人才。相反，一些薪资高而福利一般的企业，尽管初期靠高薪吸引了一些优秀人才，但由于福利水平不到位，这些优秀人才还是陆续选择了离开。

因此，作为一名领导者，你若想激发员工的工作热情，除了给员工提供一定的物质奖励、让奖金与业绩接轨、不时给员工一个意外惊喜之外，还要

## 第十一章
带人要会奖励：让员工的积极性得到提升

加大在福利方面的资金投入，充分发挥福利的激励功能。

大体来说，员工的福利项目可以分成两类：一类是强制性福利，企业必须按政府规定的标准执行，比如养老保险、失业保险、医疗保险、工伤保险、住房公积金等；另一类是企业自行设定的福利项目，常见的如人身意外保险、家庭财产保险、旅游、服装、午餐补助或免费工作餐、健康检查、俱乐部会费、住房或购房支持计划、公车或报销一定的交通费、特殊津贴、带薪假期等。

随着员工们对福利的需求日增，福利在整个报酬体系中的比重越来越大，甚至成为企业一项庞大的支出（在外企中能占到工资总额的30%以上）。但一个越来越突出的问题是：对员工而言，福利的激励性不大，有的员工甚至还不领情，福利计划无法发挥必要的成效——留住并激励员工。

企业从巨额的福利投资中得到很少回报甚至得不到回报，福利失去激励作用，原因何在呢？事实上，应当归责于我们的领导者没有深刻地认识福利的功能，没有下功夫去研究福利如何管理，或者没有随着环境形势的变化，及时地去改善我们在福利管理上存在的不合理的现象。

那么，领导者应该如何强化福利的激励作用呢？

1. 以员工的贡献为基础

企业采取福利措施，目标是使员工行为与企业行为保持高度一致，有效地将广大员工团结在一起，齐心协力，实现企业利润最大化。福利从本质上讲又是一种补充性报酬，既然是报酬，应当以员工支付合理劳动为对价，以员工的贡献为基础。因此，领导者可以将福利设定不同的等级层次，规定什么样的福利属于保障性福利，是全体员工都应享有的；什么样的福利属于绩效性福利，只有工作绩效达到时才能享有，而且达到不同的绩效，享受不同的绩效福利。

## 2. 对福利政策进行适当宣传

对于某些员工来说，福利似乎是看不见、摸不着或者想当然的东西，这种观念势必会削弱福利的激励效能。为此，企业应当采取恰当的宣传渠道，将企业的福利政策告诉所有员工。比如，把福利政策明明白白写进员工手册，让员工都清楚企业有什么福利，不同的福利对自己的要求是什么，明确自己应该朝什么方向去努力。这是企业应尽的义务，也是尊重员工知情权的需要。

## 3. 适当采取自助式分配

由企业领导者为员工确定安排福利的传统时代已经过去了，不同的人有不同的需要，员工需要的是能够满足需要、适合他们自己的福利。因此，领导者在福利分配上应当充分尊重员工的需要，令员工发挥主动性，适当采取"自助餐"式的福利分配方式，最大限度地满足不同员工的差异性福利需要，如此激励效果才会显著。不过，这种方式需要企业有能力提供可选择的多样化方案，而且要本着"人无我有、人有我精"的原则，尽量搞出富有自己特色的福利，有特色才有吸引力。

## 4. 适时增减福利项目

一般来说，企业绩效随着市场环境变化会有起落，企业的福利一定要及时反映企业绩效的变化。企业绩效转好，应当适时地增加一些新的福利项目；企业绩效下降了，也要相应地暂时性裁减部分福利项目。通过员工福利变化，要让员工感知企业生存状况的变化，取得员工对企业的认同感，如此也就能够激发员工的主动性和积极性。

## 5. 福利要公正兑现

这里所谓的公正兑现，一方面是指，企业领导者要说到做到，言行一致，对员工作出的福利承诺，在时机成熟时一定要兑现，否则就会失信于人，弄巧成拙；另一方面是指，给某些员工发放特别福利时要依据政策而行，要让

## 第十一章
### 带人要会奖励：让员工的积极性得到提升

其他员工心服口服，让他们了解该项福利确确实实是该人应当享有的。

## 实施员工持股计划

实施员工持股计划的目的，是通过让员工享有剩余利润的分配权，使员工拥有劳动者和所有者的双重身份，以激励员工为企业价值提升多作贡献。

微软公司1975年创办之时，只有3名人员。如今，微软公司拥有3万名员工，市值达2000亿美元，名列全球第二。在当今这个跳槽普遍盛行的时代，为什么微软能够"生产"数以千计的百万富翁，且对公司忠心耿耿？原因只有一个，那就是微软利用股权策略网罗并留住了众多顶尖人才。

微软公司职员的主要经济来源并非薪水，股票升值是主要的收益补偿。公司故意把薪水压得比竞争对手还低，创立了一个"低工资高股份"的典范，微软公司雇员拥有股票的比率比其他任何上市公司都要高。一个员工工作18个月后，可以获得认股权中25%的股票，此后每6个月可以获得其中12.5%的股票，10年内的任何时间兑现全部认购权，每2年还配发新的认购权。不仅如此，员工还可以用不超过10%的工资以8.5折的优惠价格购买公司股票，还可以通过贷款购买公司股票。

对于微软公司的每一个人来说，奋斗目标非常明确，就是在激烈的市场竞争中脱颖而出，让市场接受公司，让公司股票上市并且不断增值，最后员工持有的股票会自然增值，劳动就会得到充分补偿。这里的人，无论精力、才干还是热情,都是从未见过的,拼命工作蔚然成风,以致有时比尔·盖茨反过来要劝说人们悠着点劲儿。

在这些年里,微软公司通过股份参与的方式吸引和留住了众多有才能的员工,并且有效地激发了员工的工作积极性和创造性。微软不断成长为全球高科技巨人,被称为"迄今为止致力于个人电脑软件开发的世界上最大、最富有的公司",有超过2000名的员工凭借股票期权成为百万富翁。

以调动人的积极性为主旨的激励政策,现在已经成为管理的基本途径和重要手段,员工持股计划正是这样一种新的激励方式。微软公司职员的主要经济来源并非薪水,股票升值才是主要的收益补偿。当微软公司股票价格持续上涨时,员工的个人财富就会水涨船高。正因为如此,在微软工作更富有挑战性,也更吸引人才。

员工持股计划是指企业员工通过投资购买、贷款购买或红利转让、无偿分配等方式认购本公司部分股权。实施员工持股计划的目的,是通过让员工享有剩余利润的分配权,使员工拥有劳动者和所有者的双重身份,以激励员工为企业价值提升多作贡献。这是一种特殊的报酬计划,是企业激励机制的一种形式。

为了方便理解,我们可以举一个简单的例子。例如,一位员工加入企业时被告知,在5年之内允许以每股10元人民币的价格购买企业的股票,即使那时企业的股票已经涨到了20元人民币或者更多。在兑现期权的同时,这位员工就可以获得收益,随后他可以操作自己的股票。

对此,有些人也许还不太理解,那么我们不妨再打一个形象的比喻:采取员工持股权计划,使企业和员工就好比身处一艘行驶在茫茫大海上的小船,企业和员工就是船长和船员,那么,他们之间不论有多么深的矛盾和冲突，此刻他们唯一应该做的，就是齐心协力使小船安全抵达目的地。

一方面，在我国，劳动力的流动日益频繁，人力资源的配置存在着很大的自发性和无序性，而且劳动力技术水平越高，人才的流动性也越大。而购股选择权和其他建立在股份基础上的鼓励措施，使员工的长期利益与企业的长远发展紧密结合在一起，对于激励人才、留住人才是非常有效的，尤其是不安心工作的人才。

另一方面，社会的不断进步使人们的观念也不断转变。高薪不再是人才追求的唯一目标。企业通过员工持股可以构造出崭新的利益激励机制，真正实现员工当家做主。员工持股后也成为企业的主人，而不仅仅是打工者，他们会把企业当成自己的家，而不仅仅是打工挣钱的地方，员工感觉到是为自己在工作，是为自己家添砖加瓦，无疑企业内部的凝聚力会得到极大的提高。

从产权主体多元化角度来说，持股员工作为股东享有经营决策的监督权，这种监督是从关心自身利益出发的，因而是自发的、持续的，不需外部激励的。在员工的监督下，管理层的决策将更加科学和准确，特别是随着董事会成分的变化，将使企业的产权更加明晰、权责更加清楚、政企得以分开、管理更加科学。

总之，员工持股计划是一种有效的激励计划，领导者可以借鉴微软的做法，让高级管理人员、业务和技术骨干等多持股，通过股权"锁死"他们，实现利益共享、效益共创、风险共担、责任共负，进而形成有效的激励机制，调动员工的积极性和主动性，增强企业的凝聚力和向心力。

给你一个团队，你会怎么带

## 暗地里给员工的奖励作用会更强烈

时常关注自己手下的员工，不时地给他们一个意外惊喜。能够出人意料的话，一定会起到更强烈的激励作用，他们工作起来会更加卖力。

暗地里给员工一个惊喜，可以给员工这样一个表示：他的工作表现领导者的心里是非常清楚的。得到惊喜的员工在感激之余自然会加倍努力。而且，这种隐蔽的奖励方式不会对其他人产生不良刺激，不会引起其他员工的不满。即使有时候你给每个员工都暗地里送了惊喜，可是每个人都认为只有自己受了特殊的奖励，结果下个月大家都很努力，争取下个月的奖励，这岂不是一件难得的乐事？

国外一些领导者就擅长此方，奖励的理由是各种各样，有奖励个性特点的：工作认真而勤奋，踏踏实实，热爱本职工作，有能力，富有创造精神，等等；也有奖励工作业绩的：超额完成任务，本月无残次品，质量检查认真负责任，等等；也可以根据一次偶然的事情实施奖励，如某员工提出一项合理化建议，检修工细心避免了一个小事故，某员工表现出了可谓爱企业如家的行为，等等，不一而足。

信治郎就是这样的管理高手。信治郎是日本桑得利公司的董事长，他是一个善于激励员工的企业家，他经常会在一些特别时刻奖赏员工，而且他发

## 第十一章
## 带人要会奖励：让员工的积极性得到提升

奖金的方式也很特别，这些出人意料的方式常常让员工感到十分惊喜。

一名销售人员取得了不俗的销售业绩，信治郎决定奖励他一笔钱。年终时，他把对方单独叫到了办公室，对他说："由于本年度你工作业绩突出，公司决定奖励你，这是给你的红包，请你收下！"

该员工非常高兴，谢过信治郎后拉门要走，信治郎突然说道："回来，我问你件事。今年你有几天在公司？陪了你妻子多少天？"该员工回答说："今年我在家不超过十天。"信治郎惊叹之余，从抽屉里拿出了一个红包递给该员工，对他说："这是奖给你妻子的，感谢她对你的工作无怨无悔的支持。"

该员工谢过信治郎之后，正要退出办公室，信治郎又问："你儿子多大了？你今年陪了他几天？"该员工回答说："我儿子不到六岁，今年我没好好陪过他。"信治郎又拿出一个红包，递给该员工，说："这是奖给你儿子的，告诉他，他有一个伟大的爸爸。"

该员工热泪盈眶，千恩万谢之后刚准备走，信治郎又问道："今年你和父母见过几次面？尽到当儿子的孝心了吗？"该员工难过地说："一次面也没见过，只是打了几个电话。"信治郎感慨地说："我要和你一块儿去拜见伯父、伯母，感谢他们为公司培养了如此优秀的人才，并代表公司送给他们一个红包。"

这名员工此时再也控制不住自己的感情，哽咽着对信治郎说："多谢公司对我的奖励，我今后一定会更加努力。"正是因为信治郎给予的这种惊喜，桑得利公司的诸多员工们大受感动，并努力工作以回报公司。

每个员工都希望自己所做的事被领导者认可，希望自己点滴的努力和进步能够被领导者肯定。时常关注自己手下的员工，不时地给他们一个意外惊喜。能够出人意料的话，一定会起到更强烈的激励作用，他们工作起来会更加卖力。

不过，什么时候送惊喜是灵活多样的，可以是临时或定时的，每周、每月、每季度等都可以，支配资金的数量也可以灵活掌握，数量可多可少。一般说来，平时奖金数目要小一些，季度、年终奖金数目要大一些；偶然做的好事奖励数额要少一些；好的工作作风，给公司带来巨大收益的，奖励数额可以多一些。

当然，领导者用暗地里送惊喜的方式，也并不应排斥明奖的作用。明奖和暗奖各有优劣，应两者兼用，各取所长。比较好的办法是大奖用明奖，小奖用暗奖。例如年终奖金、发明建议奖等用明奖方式。因为这不宜轮流得奖，而且发明建议有据可查，无法吃"大锅饭"。月奖、季奖等宜用暗奖，可以更好地发挥激励作用。